学級経営サポートBOOKS

荒れはじめに必ず効く！

学級立て直しガイド

高本 英樹 著

明治図書

はじめに

　私は，教師になって十数年の間，毎年のように荒れた学級を担任してきました。だからといって天狗になっていたわけではなく，常に自分なりに学級づくりについて学んでいたつもりでした。
　しかし，20年目にして受け持った子どもたちは，それまで経験したことのない凄まじさでした。始業式を迎えて１週間で，私は自信を失い，教員生活で初めて，「病休をとりたい」と思いました。
　それでも，子どもたちと200日を共に過ごし，最後は，涙，涙の感動の卒業式でした。そのときの光景は，今でも鮮明によみがえります。
　結果，その年の子どもたちに，私は本当の意味での学級づくりを教えてもらった気がします。
　「ああ，あの子たちに出会えたからこそ，今の自分がある」
　今では，そう思えるくらい，私にとって忘れられない１年です。

　現在の教育現場を見渡すと，「学力向上」「主体的・対話的で深い学び」「社会に開かれた学校」「カリキュラム・マネジメント」等，いろいろな言葉が全国を飛び交っています。働き方改革が叫ばれる中，現場では，それに矛盾するかのように新たにやるべきことが突きつけられています。そして，先生方皆さんがおっしゃるのは，「子どもとの時間がない」という言葉です。
　「未知なる社会を生き抜いていく子どものための教育」と言いながら，実際は，誰のための教育なのでしょうか。

　それでも，現場の先生は，子どもたちと楽しい１年にしようと情熱をもって学級づくりにあたります。３月のゴールイメージをもち，誰もがそのイメージの実現を願い，４月に張り切って学級開きをします。
　それから，１か月が経つと，どんどん上昇傾向にある学級と，やや下降気

味の学級に分かれてきます。担任の先生が知らず知らずの間に，この差がどんどん開き，ある日，「あれ？　４月のはじめには，子どもとあんなにいい感じだったのに，どうして？」という事態が訪れます。このように，学級の荒れは，担任の先生が意識しない間に進みます。そして，担任が若かろうと，ベテランだろうと，誰にでも起こる可能性があるのです。

　私は，最近そんな先生の相談に乗ることが増えてきました。同じ校内でも，同じ市内や，遠くに出かけたセミナーでもお話をうかがうことがあります。そこで語られる先生方の言葉は，日々のつらい実体験からにじみ出る，重く苦しみに満ちた，生気のないものです。
　「力になりたい。」本当に，真剣に，そう思いました。私もその苦しみを経験した一人です。先生方の気持ちが痛いほど，よくわかるからです。
　その先生方と，とことん話し合い，色々アドバイスもしました。どの先生方も辛抱強く立て直しに力を注がれました。私は，それをずっとサポートしてきました。そして，ついに皆さんが学級立て直しに成功され，３月まで子どもの前に立ち続けることができました。だれも休むことなく，だれも教職から去ることなく，皆さんが担任業務を最後までまっとうされたとき，私はその先生方と一緒に喜ぶことができました。自分もそうでした。あの達成感と安堵感は，味わった人にしかわからないでしょう。

　私が自分の経験の中で学んだこと。すがるような思いで読んだ書籍から学んだこと。私が先生方にアドバイスしてきたこと。それらを，この１冊にまとめました。今回は，荒れの見られる初期から中期段階を見据えて書かせていただきました。
　私の拙い実践をもとにした内容ですが，この本を手にされた皆さんに少しでもお役に立てたら幸いです。

平成29年６月　高本　英樹

こうなると危険！ 「荒れはじめ」の チェックリスト

☑「こんなはずではなかった」と思ったら

　4月に学級開きをしてから，5月の連休が終わるころ。学級の子どもたちの様子を見て，おかしいと感じることはなかったでしょうか。4月当初にはできていたことができなくなったり，しっかりしていたはずなのに，なんだかゆるんできている，といったことが…。実は，**その小さな「あれ？」が，「荒れ」のはじまりなのです。**

　年度当初にうまく学級のスタートが切れたからといって，その1年がずっと上向きであるといった保証はどこにもありません。むしろ，4月は好調であったが，ある時期を境にだんだんと下降の一途をたどってしまうといった学級は珍しくありません。こういった学級は，教師の圧力型の指導によって形ばかりを整えてきたことに原因があります。

　学級の集団づくりにおいては，教師や子ども同士の人間関係づくりと，学級のルールづくりが肝心です。この2つができていなければ，子どもは，教師や友達を見限ってしまいます。それが表面化した行動や仕草に，「あれ？」を感じるようになるのです。

　現在の学級を右ページから始まるチェック表を見ながら振り返り，2～3割程度当てはまれば，あなたの学級は危ないかもしれません。
　まずは，早期発見に心がけましょう。そのためにも，子どもたちの観察を日々細かに行うことが大事です。

こうなると危険！
「荒れはじめ」のチェックリスト

	A　人間関係がぎくしゃくしていませんか？	check!
1	仲のよい仲間で固まろうとし，グループづくりに時間がかかる	
2	友達の失敗を笑ったり，ケンカをしたりすることが増えている	
3	教師の指示に対して反応が鈍く，なんとなくやる気のない態度を見せる子どもが増えている	
4	教師や周りの気をひくために悪ふざけをする子どもが一部出てきて，それを容認する雰囲気がある	
5	教師に注意されると舌打ちをするなど，批判的な態度をとる子どもが増えている	
6	ひそひそ話をしたり，他の友達のことを教師にいいつけにきたりする子どもが増えている	
	B　生活態度がゆるみはじめていませんか？	check!
7	授業開始時刻や集合時刻に遅れる子どもが目立つ	
8	返事やあいさつをしなかったり，声が小さかったりする子どもが目立つ	

9	乱暴な言葉づかいや服装の乱れが目立つ	
10	本棚や教卓の提出物など教室のものがきれいに整頓されず，床にゴミが落ちたままになっている	
11	教室の写真や，図工や習字の作品など，掲示されているものにいたずらの跡がある	
12	学校のものが出しっぱなし，使いっぱなしになっている	
13	給食の準備や片付けにさっと取り組めなかったり，残飯が増えたりしている	
C　学習態度が悪くなっていませんか？		check!
14	授業中に発言する子どもが減り，一部の子どもだけになってきている	
15	ノートやテストに書く字が雑だったり，落書きをしたりする子どもが目立つ	
16	下敷き・ものさし・赤鉛筆など，決められた学習用具がそろっていなかったり，そろっていても使われていなかったりする	
17	授業に積極的に参加している子どもの割合が７割を切っている	
18	授業中の手悪さや，私語を注意する回数が増えている	
19	学習用具を忘れてくる子どもが増えている	
20	宿題をやってこなかったり，いい加減に済ませたりする子どもが増えている	
D　学級集団がゆるみはじめていませんか？		check!
21	学級や学校のルールが守れず，個人的に許しをこう子どもが目立つ	

22	全校集会や朝礼など，全員で並ぶときの整列の仕方が悪い	
23	掃除を一部の子どもにまかせ，それ以外の子どもは遊んでいることがある	
24	当番や係の仕事がいいかげんで，注意されても素直に自分の非を認めない子どもが増えている	
25	学級全体の活動への取り組みが遅く，積極性がない	
E　「困った子」に振り回されていませんか？		check!
26	ある子に指導をしているのを他の子どもたちが冷ややかに見ている	
27	ある子を指導することで，その都度授業がストップしてしまうことが度重なる	
28	ある子が騒ぐとそれに追随する子どもが出てくる	
29	ある子以外の他の子どもが，教師の近くに寄ってこない	
30	子どもの立ち歩きや教室からの飛び出しが目立つ	

●まずはここから読んでみよう！

・Aが2つ以上→「1章　人間関係がぎくしゃくしてきたら」（p.37～）
・Bが3つ以上→「2章　生活態度がゆるみはじめたら」（p.53～）
・Cが3つ以上→「3章　学習態度が悪くなってきたら」（p.69～）
・Dが2つ以上→「4章　学級集団がゆるみはじめたら」（p.91～）
・Eが2つ以上→「5章　「困った子」に振り回されはじめたら」（p.113～）

Contents

はじめに

こうなると危険！ 「荒れはじめ」のチェックリスト ... 4

序章 学級立て直しの基本

1 「荒れ」に立ち向かう ... 12
2 「現在の子ども」を知る ... 14
3 「荒れ」のメカニズムを知る ... 16
4 学級立て直しの原則を知る ... 18
5 形だけを真似ても「荒れ」は克服できない ... 20
6 子どもの心に寄り添う ... 22
7 主導権を握る ... 24
8 ルールの存在が安定感を生むことを知る ... 26
9 「ゼロ」を目指し，ゼロ視点で臨む ... 28
10 問題は成長のチャンスと捉える ... 30
11 ヒドゥンカリキュラムを意識する ... 32
12 学級立て直しの心構えチェック ... 34

コラム 「子どもらしさ」って

1章 人間関係がぎくしゃくしてきたら

1 集団づくりを「ペアづくり」から始める ... 38
2 小集団をつくれるようにする ... 40
3 ゲームを取り入れる ... 42
4 休み時間のおしゃべりを楽しむ ... 44
5 話を聞く習慣をつける ... 46
6 互いに認め合う場をつくる ... 48
7 「握手」と「交換日記」で子どもとのパイプをつなぐ ... 50

コラム 今はできない昔話

2章　生活態度がゆるみはじめたら

1	返事やあいさつに気をつけさせる	54
2	言葉づかいに気をつけさせる	56
3	時間を互いに守る	58
4	服装に気をつけさせる	60
5	常に教室をきれいにする	62
6	ものをそろえるよさを体験させる	64
7	週末のものの持ち帰りを徹底する	66

コラム　私たちが本当にしなければならないこと

3章　学習態度が悪くなってきたら

1	1日1時間，1週間1教科は楽しい授業を仕込む	70
2	変化を繰り返し，テンポのよい授業をする	72
3	授業で子どもの動きを増やす	74
4	授業中の発言を増やす	76
5	子どもの反応を見て授業をする	78
6	指示は短く，声には変化をつける	80
7	教師の立つ位置を変える	82
8	心を整える場面をつくる	84
9	ノート指導を基礎からやり直す	86
10	宿題から心をチェックする	88

コラム　子どもにとっての授業の大切さ

4章　学級集団がゆるみはじめたら

1	ルールを具体的に見直し，見える化する	92
2	緩やかにルールの内在化をはかる	94
3	定期的な振り返りでルールの習慣化をはかる	96
4	「やる気リズム」をつくる	98

5	学級全員に課題達成の経験をさせる	100
6	褒めを形に表す	102
7	いつもと違う雰囲気をつくって話す	104
8	当番や係の仕事のサイクルを改善する	106
9	掃除の仕方や分担を見直す	108
10	給食の準備と片付けをスムーズにさせる	110

コラム　学びへ向かう学級とは

5章　「困った子」に振り回されはじめたら

1	計画を立てて個別に叱る	114
2	まずは先に話させる	116
3	行動だけを短く叱る	118
4	子どもと競り合わない	120
5	指示を受け入れる体勢をつくる	122
6	教師の土俵に引き込む	124
7	友達にサポートさせる	126
8	不満を聞いてやる	128
9	叱責とフォローをセットで考える	130

コラム　啐啄同時①

6章　教師自身がつぶれないために

1	10割をこなそうとしない	135
2	責任を負いすぎない	136
3	聞いてもらえる同僚を探す	137
4	チームで対応してもらう	138

コラム　啐啄同時②

おわりに

序章
学級立て直しの基本

序章　学級立て直しの基本

1 「荒れ」に立ち向かう

☑ 学級の「荒れ」は必ず立て直せる

　学級に荒れを感じ悩んでいる先生方を見てきました。その先生方になんとか3月まで教壇に立っていただきたいと思いました。「荒れ」は起こるのであって，はじめからあるのではありません。ということは，手立てを打てば立て直せるチャンスは必ずあるのです。子どもが荒れるには，それなりの理由と，経過した時間がありますので，すぐにというわけにはいきません。でも，**最終的には子どもたちとハッピーエンドを迎える日が必ず来るのです。**

　かくいう私がそうでした。苦しくて，苦しくて仕方ない。いっそ仕事を辞めてしまおうか。そんな闇から少しの光が見えたとき，その光に向かって歩むことができました。そして，その光がどんどん広がり，ついには，光に満ちた世界が広がっていきました。あんなに一緒にいたくないと思った子どもたちが愛おしく，「もう1年このまま一緒にいたい」と口にしてしまったほどでした。私との別れを惜しんで，クラス全員の子どもたちが泣いていました。こんな光景が待っているなんて，誰も予想していませんでした。でも，現実として起こったのです。

　私だけではありません。先に書いた苦しんでいた先生方も，最後はみなさん笑顔でした。そんな体験をいくつもしてきたから言えます。**学級の「荒れ」は必ず立て直せる**と。

☑「荒れ」に立ち向かおうとしなければ光は見えない

　学級に荒れが見えはじめた段階で，このまま学級崩壊に向かってしまうと予想できる場合と，完全な崩壊にまではならないと予想できる場合があります。

　その違いは，担任教師にあります。苦しくても何とか改善したいと思っているか，子どもや保護者やこれまでの担任の批判を繰り返して，自分自身が目の前にいる子どもから逃げて，改善を望んでいないかの違いです。改善をしようとすると，かなりのエネルギーがいります。そして，荒れに立ち向かう分，更に子どもたちとの関係が難しくなることも予想されます。そんなリスクを冒してまでも何とか前進を試みるか，リスクを恐れて現状のままでやり過ごすかは，担任教師の決断にかかっています。

　私は，前者をおすすめします。よりよくしようと思わなくてもいいのです。**現状から少しだけプラス方向に進めば，それだけでたいしたものだと評価されます**。私は，担任教師が，子どもとの心のつながりを自ら切らないことが，完全な学級崩壊を防ぐ最後の砦と考えます。逆に言えば，それさえあれば，何とかなるのです。

　この言葉を信じて，皆さんには「荒れ」に向き合ってほしいと思います。

　荒れた心の向こうには，子どもの素直な心が宿っています。

　闇があるからこそ，光が見えます。その闇に立ち向かわなければ，その光を見ることはないのです。

🔍 Point

　子どもとの心のつながりを切ることなく，何とかしようともがくことが，「荒れ」を食い止めることになります。素晴らしい改善を夢見るのではなく，少しのプラス方向を目指して，「荒れ」に立ち向かっていきましょう。

序章　学級立て直しの基本

2 「現在の子ども」を知る

☑ 現在の社会が子どもにもたらしたもの

　私が教師になって25年経ちますが，個人の実感としても，初任の頃よりも明らかに子どもたちが「荒れやすく」なっているということを感じます。とにかく，自分の思い通りにならなければ，無気力・無関心になったり，文句を言って反発したり，その場から逃げてしまったり…。

　河村（2000）は，学級が荒れやすくなった理由を次のような社会の変化に求めています。1つ目は，人間関係を学ぶ機会がなくなったこと。2つ目は，学校や教師の威光が消失したこと。3つ目は，前提（「先生の指示に従うのが当たり前」などといった，学校生活をする上では当然のように思われること）がなくなったことです。この中で，子どもにとっての一番の問題は，**「人間関係を学ぶ機会がなくなったこと」**だと考えます。

☑ 子どもがどうやって人間関係づくりを学ぶのか

　乳幼児期の子どもは，いろいろな不快感（お腹が減る，おしめが蒸れている等）を無償の愛によって取り除いてくれる人（通常は親）にありがたみを感じ，それが愛情へと変わっていきます。

　さらに，大人と同じものを見たり，聞いたり，体験したりすることができるようになると，そばにいて一緒に感動してくれる人に安心感を覚えます。こうやって子どもは，乳幼児期に，愛情に満たされて成長します。

　幼年期に入ると，「ごっこ遊び」に象徴されるように，子どもは一緒に遊

ぶ仲間を求めます。仲間づくりがはじまると、いつも楽しいことばかりではありません。時には、つらい気持ちや怒りの気持ちを覚えることがあります。それでも、家に帰れば親がいて、つらい気持ちをしっかり受け止め、その上で励ましてくれます。「大丈夫、また頑張ってらっしゃい」と背中を押してくれます。

　これが子どもに安心感を与えます。この安心感があるからこそ、子どもは仲間づくりに再度挑戦できるのです。そして、いつか誰かと友達になれたとき、子どもは喜びと共に、人間関係を結ぶことの大切さを知るのです。

☑ 現在の子どもたちにしてやれること

　しかし、現在はどうでしょう？　子どもは家庭にいて、甘やかされているかもしれませんが、決して甘えられてはいません。ものは買ってもらえますが、自分の話をゆっくりと聴いてはもらえません。親が仕事で忙しかったり、スマホをいじっていたり、自分の時間を優先したりするからです。心の中の話を聞いてもらえないと、子どもは親に対する安心感をもてません。これでは、親に甘えられません。当然、親から仲間づくりの後押しなんて、受けられるわけがありません。また、仲間づくりの過程における失敗や成功の往還もありません。問題があると、すぐ、親や教師が解決をしてしまうからです。そのため、自分で人間関係を形成しようとする意欲や、人間関係ができるまでの忍耐力が身につきません。

　このような子どもたちに我々教師が学校でしてやれることは、集団の関係において安心感を抱かせることと、人間関係づくりを学ばせていくことです。

Point

　なぜクラスが荒れに向かっているのかを考える際に、まずは現在の子どもは人間関係づくりを学ぶ機会が少ないということを念頭に置きましょう。
　その上で、まずは集団の中での安心感を与えてあげることが重要です。

序章　学級立て直しの基本

3 「荒れ」のメカニズムを知る

☑「荒れ」は子どもの不安から生まれる

　「荒れ」を感じたらすぐにでも改善したい気持ちはよくわかります。しかし，なぜ子どもたちが荒れるのか。まずは，荒れのメカニズムを知っておく必要があります。病院で医師の診断を受け，原因を突き止めてから治療するのと同じように，自分の学級を振り返った上で，必要な手立てを講じましょう。そのためには，「荒れ」のメカニズムを知っておくことが必要です。

　人間関係づくりが苦手な子どもたちが，学校に来てすぐさま求められることは，授業中の「規律」と，トラブルのない人間関係づくりです。見知らぬ教師のいる集団に入り，緊張感の中で混沌と生活している状態でも，規律を乱せば教師から注意を受けます（教師が優しくにこやかに話したとしても，注意されたことに変わりはありません）。こうやって注意ばかり受けていると，安心感のない不安定な状態で新学期のはじめを過ごすことになります。

　すると子どもたちは，不安定さから抜け出そうと2〜3人の仲間を見つけ互いに寄り添い合います。このとき，学級は一時的に安定した状態になります。

　ところが，この状態は長く続きません。元々，人間関係づくりが苦手な子どもたちです。しだいに関係が崩れるペアやグループが出はじめます。そして，学級に不穏な空気が生まれ，再び不安定さが増してきます。

　仲間づくりに励むあまり，休み時間のおしゃべりが授業中もやめられない。うまくいかないことで周囲の目が気になって学習活動を停止してしまう。人間関係が不安定な集団にいることに耐えられず教室から出て行く。教師の指示に従わない。こんな行動が見られるようになるのです。

☑ その場限りの教師の対応への不満で「学級崩壊」に向かう

　さあ，ここが，分かれ道です。

　規律を重んじて，大きな怒鳴り声と共に力で押さえ，ルールを徹底させれば形は整うかもしれませんが，そこに安心感や楽しさはありません。我慢しきれなくなった子どもは，どんどん不満を膨らませることになります。

　一方，子どもに優しく接するばかりで，問題を解決する手立てを講じなければ，子どもは教師に不満を抱き，いつかは見限るようになります。

　しかし，問題行動を起こす子ばかりに対応していては，その子以外を相手にしない教師に，周囲の子はあきらめを感じます。

　このような，**その場限りの対応を続けていては，子どもに不満が溜まっていきます**。この状態で時間が経過すると，学級内に安心感が回復しないまま嫌な空気が広がり，子どもたちは互いに反目し合うようになります。そのうち，力のある子が中心になり，人間関係の階層化や仲間外れやいじめが起こるようになります。到底，学級がまとまることはありません。

　しかし，唯一，学級が一方向にまとまる瞬間があります。それは，教師に反抗するときです。もちろん反抗態度を見せない子もいますが，この状況にストップをかけるようなことはしません。自分がその学級に存在するためには，不本意であっても周囲に合わせなければならないからです。

　こうなると，教師の指示は誰にも通らず，反抗態度はどんどんエスカレートします。教師のコントロールが全くきかなくなり，子どもたちは好き勝手を始めます。これが学級崩壊です。崩壊状態の学級では，子どもの反抗が表出することもあれば，無視や学習放棄など，「静かな荒れ」が続くこともあります。最近は，「静かな荒れ」の方が多いと感じています。

🔍 Point

　その場限りの対応を続けていては，子どもに見限られて本格的な学級崩壊に向かいます。そうなる前の初期段階で手を打つことが非常に重要です。

序章　学級立て直しの基本

4 学級立て直しの原則を知る

☑「2・6・2の原則」を知る

　学級集団には3つの層があります。

　まずは、やる気に満ちあふれ、教師の指示を素直に聞き、意欲的に取り組もうとする、教師にとってはモデルとなる子どもたちです。こういった子どもたちが、通常、学級全体の2割程度います。

　逆に、教師の言うことを素直に聞かず、何事にも消極的な態度をとり、批判的な立場をとる子どもたちがいます。これも、全体の2割程度います。

　そして、残りの6割の子どもが中間層に位置し

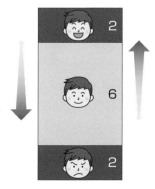

2・6・2の原則（※）

ます。この子どもたちは、モデル的な子どもたちが勢いをもてば、それになびきます。しかし、批判的な態度をとる子どもたちが勢いをもつと、逆にそちらの方についていってしまいます。この6割は、どちらにでもなびくのです。

　集団をうまく形成するには、この6割をモデル的な層に引っ張っていくことが大切です。全体の8割の子どもたちが教師のねらう方向にいけば、学級は集団として機能します。残り2割は、時間が経過して、学級の雰囲気がよくなれば、自然に近寄ってきます。もし、完全に方向が一致しなくても、集団に対して邪魔な行動をとることはなくなります。よって、**荒れを感じてきたら、中間層の6割を引きつけることが立て直しのキーポイント**になります。

※この原則は野中信行『新卒教師時代を生き抜く学級づくり3原則』（明治図書）で紹介されている（図は筆者作成）。

☑ 当たり前のことを当たり前に行う

　では，どうやって６割の子どもたちを引きつければよいのでしょうか。

　荒れはじめの段階では，そんなに特別なことをする必要はありません。学級のルールを確認して守るようにさせ，授業を普通に流せばいいのです。そして，ルールを守っている子どもや学びに向かう態度のよい子どもを承認するところを全員に見せます。そうすることで，他の子もそれを真似するようになり，よい行為が全体に広がっていくようになります。

　時には，ちょっとした楽しみも与えてやります。普段しないことを特別に企画する必要はありません。授業の中に，ちょっとしたゲームを入れて，子どもたちが互いに心を通わせる場面を仕組んだり，休憩時間に教師が子どもたちとおしゃべりを楽しんだりするだけでいいのです。

　こうして，学級内のルールの確立と，教師や子ども同士の人間関係をつくることで，「当たり前のことを当たり前にしていれば学級がうまくいく」という安心感を与えます。そうすれば，６割の子どもたちを自然と引きつけることができます。

　教師側にいる８割の子どもたちが楽しそうにしていれば，反抗的な態度をとる２割の子どもたちの中からもこちらへ近寄ってくる子どもが次々に現れます。

　また，学級の雰囲気がよくなれば，情緒的に不安定な子どもたちも集団の輪に入ってきます。そうすれば，個別に対応する時間が減り，教師は全体の子どもに目を配ることができます。このように子どもたちを導いていくことが，学級の立て直しの原則です。

Point

　特別なイベントを仕込み続ける必要はありません。荒れはじめの段階では，まずは中間層の６割の子どもを引きつけることを意識しましょう。そのための具体的な手立てを，１章以降で示しています。

序章　学級立て直しの基本

5 形だけを真似ても「荒れ」は克服できない

☑ 特効薬はないことを知っておく

　例えば生活習慣病は，診断がおりたとしても，何か特効薬があって，それを飲むとすぐに改善されるということはありません。薬を使用しながら生活の改善をはかり，定期的な診断を行った上で，さらに改善していくという繰り返しによって，症状がおさまっていきます。その病気とうまく付き合っていくことが必要です。

　学級の荒れもこれと同じことが言えます。学級が荒れてきたからといって，すぐに改善されるようなスキルは存在しません。

　人は自分の能力以上のことはできません。「何かの本に書いてあったことやセミナーで講師が言っていたことをやったら荒れがなくなった」という経験があれば，それは，たまたまそのやり方が自分に合っていたということです。誰にでも合うわけではありません。

　もっと言えば，その教師が受け持つ子どもたちの実態に合っていたのです。ある学級の子どもたちに合っていたからといって，自分の学級の子どもたちに合うとは限りません。実態が違うのに同じスキルが通じるなんて，あり得ないことです。

　子どもの荒れは心の問題なのです。心をスキルで変えることはできません。

　それなのに形だけのスキルを追い求めると，子どもの心の変容が起こらないばかりか，そのスキルを使っても克服できない自分に苛立ちを覚え，自暴自棄になってしまいます。

☑ 心を変えるのは心でしかない

　では，何が荒れを克服するのでしょう。それは「心」です。教師の心が，子どもたちの心に届いてこそ，荒れはおさまっていきます。

　こんな事例があります。

　ある先生が荒れた学級を任されました。その先生は，いつも黒板をきれいにしていました。もちろん，チョークの粉の受け部分も雑巾できれいに拭きました。掃除の時間だけでなく，汚れが気になるとすぐに拭いていました。

　この姿を子どもたちは見ていました。しかし，誰も手伝おうとは言いません。先生も，手伝ってとは言いません。

　ところが，この学級で荒れの中心にいたある子が，保健室で養護の先生にこう話していました。「○○先生は好きではないけど，嫌いでもない。だって，自分が何かすることを人に押しつけず，自分が正しいと思うからやろうとする人なんだもん。今までの先生とはちょっと違うよ」

　その後，この子は先生との関係がよくなり，行動に改善が見られました。先生の心が子どもに伝わり，その結果，子どもが変容していったのです。

　この事例が示すように，まずは，しっかりとした心構えを教師自身がもっていなければなりません。

　うまくいった事例を形だけ真似ても意味がありません。子どもに「心」を届けるために，自分と学級の特性に合った手立てを講じることが大切です。

序章 学級立て直しの基本

6 子どもの心に寄り添う

☑ 子ども理解の3段階ステップ

　学級がうまくいかないと,「どうして自分の言うことを聞いてくれないのだろう」「あの子のことは理解できない。きっと,家庭でのしつけが悪いんだ」「あの子と自分は相性が悪いんだ」などと,子どもや家庭に原因を求めてしまいます。しかし,これは,子どもを理解しようとする姿ではありません。

　子どもに対峙するとき,教師の価値観を押しつけようとすると,それに応えられない子どもが憎くなります。かといって,子どもに合わせてばかりいると,子どものことが重荷になります。

　やはり教師は,子どもを好きでいなければなりません。子どもは自分のことを疎ましく思わない人のそばにやってきます。

　さらに,子どもとよりよい関係を結ぶには,次の3段階のステップが必要です。

　まず第1段階は,子どもと出会ったら,その子らの欠点を丸抱えで子どもと向き合おうとすることです。

　子どもには,よいところもあれば,そうでないところもあります。しかし,それらすべてがその子なのです。ありのままの姿をまるごと受け止め,そこからがスタートだと考えるようにしましょう。

　第2段階は,その子を正しく理解しようとすることです。

　例えば,よく忘れ物をする子どもがいたとします。しかし,家庭が大変で,自分の時間がないほど,その子が家事のほとんどをやっていたとしたら,あ

なたは,その子を忘れ物が多いと叱るでしょうか。叱るよりも,もっと違う声かけをするでしょう。周囲から見ると受け入れられない行動をする子でも,その子の置かれている現実を知ることで,その子の見方が変わります。

　そして,第3段階は,その子の抱える問題を共に考えようとすることです。

　人は孤独には弱いものです。1人で悩んだり,ストレスに耐えたりせず,一緒に話したり,考えたりする人がいれば,孤独感はなくなります。人は,そういった人を自然と求めるものです。

　こういったステップを踏んで,少しずつ子どもと心を通わせていきます。

　3段階のステップを踏むことは,子どもに寄り添うことに通じます。

　子どもに寄り添うとは,「大人が現実の子どもに立ち向かい,問題をそのまま丸抱えにして,その上で常に子どもの可能性を信じてやり,子どもと一緒に理想の生き方を探求し続ける」ということです。

　荒れが顕著な子どもほど,また,困り感をもっている子どもほど,こうした教師の寄り添いが必要なのです。

　この3段階のステップは,手法ではありません。心構えです。こういう気持ちで子どもに接すれば,自ずと子どもに対する言葉かけも,指導や支援の方法も変わってきます。

　当然,子どもにも教師が自分を大切にしてくれていることが伝わります。

　こうして,教師の指導や助言が子どもの心に入っていく関係ができるのです。

　この,子ども理解の3段階のステップを意識し,子どもの心に寄り添うことを前提にしながら,第1章からの具体的な手立てをお読みください。

Point

　学級を立て直すときは,子どもに徹底的に寄り添い,子どもが自立する心を育てるという目標を常に持ち続けることが大切です。

序章　学級立て直しの基本

7 主導権を握る

☑ 子どものいいなりになれば崩壊する

　ここまで話してきたとおり，子どもを受け入れ，理解し，寄り添うことは，人間関係を紡ぐ上で不可欠なものです。だからといって，何でも子どもの主張を通したり，教師が子どものいいなりになったりすればいいかというと，それは違います。

　教師が威厳をふりかざさず，子どもたちが自由奔放にしていると，自主性や主体性が育つように思われるかもしれません。しかし，これでは，ルールや正しい価値判断などは通用せず，子どもは集団の中で自らの価値観をぶつけ合うだけになります。その中で強者と弱者が生まれ，強い立場の者が弱い立場の者を従えるというカースト制が形成されます。そこには親和的な雰囲気は存在せず，常に緊張が張り巡らされ，人間関係は混沌としていきます。

　この状態が続けば，必ず完全な学級崩壊になります。

☑ 教師は主導権を握るべし

　子どもとの人間関係がうまく築けずに困っているとき，「先生，次の授業の国語はおもしろくないよ。みんなでドッジボールしようよ」と言われたら，あなたはどうしますか？

　ここで「うん」と言ってしまえば，この先生は何でも言うことを聞いてくれるということになり，次回からの要求はさらにエスカレートしていきます。そうなってから，「いくらなんでもダメです」と言ったとたん，子どもたち

はその教師を見限ってしまいます。

　かといって，最初から頭ごなしに，「ダメに決まっているでしょ」と言い放ってしまうと，この先生は自分たちの話を聞いてくれないと判断し，子どもたちの心は離れていくでしょう。

　そこで，まずは，どうしてそう考えたのかを尋ねます。その上で，時間割を勝手に変更できないことを伝えます。そして，代案を共に考えるように誘います。結果，「学級活動のときに行う」「授業が早く済んだら行う」などの合意形成をはかるようにします。

　これは一見，子どもの主張を通したように見えるかもしれません。しかし，子どもを教師との交渉の土俵にあげているという点で，いいなりになっていることとは違います。こちらの主張をきちんと伝え，その条件を受け入れさせた上で，代案を考えさせているのです。結局，この話し合いをリードしているのは教師です。これが主導権を握っているということです。

　我々は教師です。子どもをよりよい方向に導くことが仕事です。**いいなりになるのでも，いいなりにするのでもなく，話し合いを通してよりよい方向に導くのです。話し合いの結果よりも，交渉場面に乗せることができるかどうかが大事なのです。**これができれば，主導権は教師にあります。

Point

　１度子どものいいなりになってしまうと軌道修正が難しくなります。「これくらいなら」と思わず，教師の土俵にあげて主導権を握ることを早いうちから意識しましょう。

序章　学級立て直しの基本

8 ルールの存在が安定感を生むことを知る

☑ ルールの大切さ

　安定した学級集団づくりに，ルールの確立は大きな効果をもたらします。担任として主導権を握ったら，まずはルールの確立に努めることが大切です。

　ここで述べる「ルール」とは，学級生活を気持ちよく過ごすことができるようにするための，大人で言えば「常識」のようなものです。ということは，学級が成熟していれば，実はルールなど必要ないのです。

　例えば，「チャイムが鳴るまでに席に座る」というルールを考えてみましょう。こんなことは，「時間を守らなければいけない」「授業開始が遅れてしまうのは，先生にも他の子にも申し訳ない」ということを子どもが理解し，体に染みついていれば，チャイムが鳴るまでに席に座るはずです。でも，それができないから，「チャイムが鳴るまでに席に座る」のように「常識」を細分化・具体化した上で明文化して，教師が守らせ，行動レベルで子どもに染みつかせていかなければなりません。これがルールです。

　以上は極端な例ではありますが，つまり，最終目標は子どもが自分の判断で自分の行動を律することができるようになることなのです。

　そして，ルールを守るということは，結果的に，お互いがお互いのことを考えた行動がとれるということになります。チャイム着席にしても，他の人のことを考えた上での行為です。よって，ルールが守られる学級には，安心感が生まれます。安心感が得られる学級だからこそ，子どもは，この学級にいるために，学級の他の子どもと同じことを同じようにしたいという気持ちになります。こうなると，ルールはさらに守られるようになり，学級の安心

感はどんどんアップします。これがルールの効果です。

☑ ルールは子どもと決める

　自分たちの学級をどんな学級にしたいのか。まずは、ここを真剣に子どもに考えさせます。以前、私が受け持った学級は、「みんなに感謝される学級にしたい」という願いをもちました。それは、前学年で学級崩壊を起こし、学校中に迷惑をかけてしまったという反省からでした。
　その思いを現実にするためには、何をすればいいか、一人ひとりに考えさせてから、全体で交流をしました。その中でも、当時、「あいさつができる子」を学校全体で目指していたこともあり、「大きな声であいさつをしたい」という意見が多くの賛同を得ました。自分たちがあいさつを率先して行うことで、学校に貢献したいというのです。こうして、我が学級のルールに「出会った人に必ずあいさつをする」が生まれました。これはルールではなく「目標」だと捉えられるかもしれませんが、彼らにとっては、よりよい学級・学校生活を送るためのルールでした。彼らは、毎日、このルールを守るよう心掛け、結果、本当に学校中のあいさつがよくなっていきました。
　このように、ルールは自分たちで決めるからこそ、意味があります。自分たちで決めたことをみんなが守る。そこに学級の安心感、一体感が生まれます。
　本項目では、ルールとはどのようなもので、なぜ大切なのかを述べるにとどめました。ルールを確立させるための方法は、1章以降に詳しく述べました。また、ルールの確立のプロセスについては、河村茂雄先生『学級集団づくりのゼロ段階　学級経営力を高めるQ-U式学級集団づくり入門』(図書文化)にも詳しく述べられています。ぜひ、読んでみることをおすすめします。

🔍 Point

　ルールはよりよい学級・学校生活を送るための「常識」であり、学級に安心感や安定感をもたらします。ルールの確立は集団づくりに不可欠です。

序章　学級立て直しの基本

9 「ゼロ」を目指し、ゼロ視点で臨む

☑「ゼロ」を目指す

　年度当初，学級集団は原点（ゼロ）からスタートし，その後，学校生活が進むにつれ，プラスかマイナスのどちらかの方向に変化していきます。

　プラス方向に進む学級は，1学期よりも2学期，2学期よりも3学期とだんだん成長し，まとまっていきます。小集団から大集団へ，また，教師主導型から自治集団型へと育っていきます。

　しかし，マイナス方向に進む場合は，荒れの表出段階から最終的には学級崩壊へとつながります。できれば，学級崩壊に陥る前の早い段階で踏みとどまらせ，「ゼロ」まで戻すようにしたいものです。

　私がいう学級の立て直しは，まずはこの「ゼロ」に戻すことを目標にします。それを通り越して，学級が成熟した状態までを目指すと，先生はかなりの無理を強いられます。精神的な負担も大きいです。そうなれば，当然，子どもへの要求も大きくなります。子どもがそれについて来られなければ，立て直しどころか，逆に状況を悪化させてしまいます。

　まずは，「ゼロ」を目指しましょう。ここに戻すだけでもたいしたものです。並大抵ではありません。そして，もし余力があれば，さらなる学級の育成を考えるようにしましょう。何事も無理は禁物です。

☑何事もゼロ視点で臨む

　「ゼロ」つながりでもう1つ。皆さんの中には，ご自分の経験から，「〇年

生なら，ここまではできる」という「ものさし」をもっていて，その「ものさし」を使って現在の学級を見ている方がいらっしゃるでしょう。もしくは，「昨年の子どもたちは，こんなことができていたのに」と，過去の教え子たちと比較することも正直あるのではないでしょうか。以前の私もそういった目で，目の前の子どもたちを評価していました。ただし，**学級を立て直す際には，この「ものさし」が邪魔になります**。自分ができていないことを取り上げられて，「〇年生ならもっとこうしなさい」とか「去年の〇年生なら，もっとこうしていたのに」なんて言われたら，それ以上その教師の話を聞こうとはしなくなります。教師に対する苛立ちが募るだけになります。

　我々教師だって，自分の学級を他の先生が見て，「こんなんじゃ，〇年生とは言えませんよね」なんて言われたら，心中穏やかではいられませんよね。

　しかし，子どもがいろいろな問題を起こすのも事実です。そんなときは，**「これがこの子たちのスタート地点なんだ。ここをゼロとして，今後は伸ばしていけばいいんだ」というふうに考えます。これがゼロ視点です**。

　1度ゼロ視点をもつと，そこから先は成長しかありません。そう考えると，焦ることなく子どもと接することができます。

　子どもを変えるなんて至難の業です。ですが，自分を変えることはできます。まずは，自分の見方を変えることからスタートしましょう。

Point

焦らず，目の前の子どもたちの実態を基準に立て直しの目標を定めましょう。無理はせず，「ゼロ」に戻すことを考えます。気を楽にしてください。

序章　学級立て直しの基本

10 問題は成長のチャンスと捉える

☑ 問題は成長へ向かうチャンスと考える

　学級がうまくいかないと，ちょっとした問題行動が起きたときに，「どうして，うちの学級の子どもだけが，こんなにいろいろな問題を起こすのだろうか」「どうしてあの子はいつもトラブルを起こすのだろうか」と思い悩むようになります。

　また，周囲の先生方から，「また，先生の学級の○○君が，…」という指摘を受けると，心が苦しくなります。そして，自分の力のなさを悔やみ，自分を追い詰めるようになります。

　しかし，**子どもは元来，大人や社会に迷惑をかけるもの**です。自己中心的な考え方から，協調的な考え方へと成長していく途中過程にあるのが子どもです。当然，大人や社会の目から見れば，ルールに逸脱した行為をすることが多々あるでしょう。ですから，問題が起こってもあまり重く捉えなくてよいのです。

　ただし，**子どもたちに，問題となった行為を反省させ，次からのよりよい行動を示してやることは必要**です。将来，同じような問題が起こったとき，それをよりよく解決する術を与えるのです。できれば，与えるだけではなく，自分で解決させるように支援できれば最高です。

　これは，幼児が転んだときに，立ち上がり方を教えてやれば，次回からは一人で立ち上がることができることによく似ています。

　問題が起こることをマイナスに捉えるのではなく，次からの成長のチャンスであるとプラスに捉えましょう。その方が，子どものためになります。ま

た，担任教師にとってもよいと思います。

☑ 成長するまでじっくり待とう

　教師は，子どもに何か指導すると，すぐに行動が変わらなければ苛立ちを覚えます。「あれほど言って聞かせたのに，どうして変わらないんだ。私を馬鹿にしているのか」といった具合です。

　しかし，人はそんなに簡単に変わるものではありません。そもそも，自分自身を変えることだってままなりません。ましてや，人を変えるなんてことはおこがましいことです。それを，「１，２回注意したから」「２，３日経ったから」といって，すぐに変わると思う方がおかしいのです。

　１度指導しても，それは種まき程度です。その種の芽が出るまで，繰り返し繰り返し声をかけ，２週間，３週間，１ヶ月，２ヶ月と待ち，やっと芽が出て，そこからようやく変化の兆しが見えるのです。

　私が以前受け持ったクラスで，こんなことがありました。

　「Ａ君には，もっと丁寧に漢字を書くよう指導したい。それだけこの子は書く力をもっている」

　そう決めていろいろな指導を駆使しました。Ａ君が心を込めた字を書くようになったのは，それから３週間後でした。

　Ｂさんは４月，「雑巾を持つと手が汚れる」と言って，拭き掃除を全然しませんでした。そんなＢさんが，雑巾で床を拭いたのは，１学期末の大掃除のときでした。

　子どもの欠点を全部丸ごと受け止めて，それでも子どもの可能性を信じてじっと待つ。そういった待つ心を教師はもたなくてはなりません。

Point

　１度の指導で子どもが変わらないからといってあきらめる必要も，自分を責める必要もありません。辛抱強く待った先にしか，子どもの変化はないのです。

序章　学級立て直しの基本

11 ヒドゥンカリキュラムを意識する

☑ ヒドゥンカリキュラムとは

「ヒドゥンカリキュラム」とは，「隠れたカリキュラム」のことです。「隠れたカリキュラム」とは，教育する側が，意図する，意図しないにかかわらず，学校生活を営む中で，子ども自らが学びとっていくすべての事柄を指します。

すると当然，ヒドゥンカリキュラムがプラスに働く場合もあれば，マイナスに働く場合もあります。学級がうまくいかない原因の１つに，マイナスのヒドゥンカリキュラムが働いていることがあげられます。

☑ プラスとマイナスのヒドゥンカリキュラム

プラスに働くヒドゥンカリキュラムとしてあげられるものに，「常に笑顔で過ごす」があります。教師がいつも笑顔だと，それだけで子どもは安心感を覚え，学級の雰囲気が明るくなります。

逆に，不機嫌な顔だったらどうでしょう。「わあ，嫌だなあ」「何か楽しくないなあ」と，子どもたちは思ってしまいます。これはマイナスに働くヒドゥンカリキュラムです。

また，「授業の開始と終了時刻を守る」というものもあります。ベテランの優秀な教師は，授業の開始に遅れません。また，授業の終了時間が来ると，すぐさま授業を終わり，延長することがありません。こうすることで，子どもは時間を大切にしようと考えたり，時刻を守ろうとしたりするのです。

ところが、日頃は時間にうるさい教師が、平気で授業に遅れてきたり、授業が予定まで進まなかったからといって、そのたびに授業を延長したりしていたらどうでしょう。**言うこととすることが違う人の言葉には、信用がなくなります。**当然、子どもにも時刻を守ろうとする意識がなくなり、授業に遅れて入ってきたり、集合場所に遅れたりするようになります。

　ある子どもが、昨年の担任教師の悪口を言っているのを聞いたことがあります。「〇〇先生は、時間を守れって偉そうに言ってたけど、自分はいつも授業に遅れてた。遅れても『ごめん、ごめん』って簡単に済ますし、平気で授業を延ばす。おかげで僕たちの休み時間がなくなった。そういうとこが、勝手だと思った。だから、僕たちはその先生の言うことを聞かなくなった」

　その他にも、「服装に気をつける」「教室をきれいにする」「空気を入れ換える」「ロッカーを整理整頓する」「子どもの失敗をフォローする」「ユーモアをもつ」「子どもの目を見て話す」などのプラスのものや、「子どもをからかう」「自分の失敗をごまかす」「言うことがすぐに変わる」「皮肉を言う」「机の上が汚い」などのマイナスのものがあります。

　荒れが見られる場合には、何かマイナスに働いているヒドゥンカリキュラムがないかどうかを振り返ってみましょう。

Point

　笑顔のあふれる教室になってほしい。ルールを守る教室になってほしい。その願いを教師が体現しているか、日々の行動をチェックしてみてください。

12 学級立て直しの心構えチェック

序章 学級立て直しの基本

　ここまで，学級立て直しに関して，知っておいていただきたい基本的なお話をさせていただきました。

　何度も言うようですが，**荒れが見られる学級の立て直しをスキルで何とかしようとしても無理です**。こちらの思惑を子どもに見透かされ，余計に学級崩壊を進めることになりかねません。問題は，教師と子どもとの心の掛け違いなのです。ですから，まずは，**教師の心構えが大切**です。子ども理解に努め，子どもとの良好な人間関係を築くこと。そして，子どもの成長や可能性を最後まで信じて，じっくりと，ゆっくりと変容を待つこと。1つ1つの小さな成長を拾い上げ，こんなにも成長したよと見せてやること。その成長を共に喜んでやり，子どもに温かい人間性を感じさせること。そういった地道なことが子どもとの心の掛け違いを修復し，心の結びつきへと変えていってくれるのです。

　こういった心構えの上に，具体的な改善の支援としてスキルがあります。教師はそれをうまく使っていくことが大切です。スキルを通して，教師の心が子どもたちに伝わらなければならないのです。

　どういった心構えが必要なのかを，これまでに示したことも含めて，チェック表にしてみました（右ページ）。この表にあげられているものがすべてではないでしょうが，これだけでも心構えとしてもっていれば随分違います。

　まずは，ご自身の心構えが今現在どうであるのかをメタ認知してください。

　その上で，1章から始まる手立てをお読みいただき，実践の参考にしてください。

学級立て直しの心構え チェックリスト

1	「荒れ」に立ち向かおうとしているか	
2	どうして荒れているのかを分析できているか	
3	「ゼロ」に戻すことと，ゼロ視点を意識しているか	
4	子どもより先に，自分から変わろうとしているか	
5	一般的なベストではなく，マイ・ベストを目指すようにしているか	
6	問題はチャンスだと捉えるようにしているか	
7	成長をじっくり待つ覚悟があるか	
8	ヒドゥンカリキュラムを意識しているか	
9	子どもの行動を理解しようとしているか	
10	子どもとのよりよい関係づくりを最優先に考えているか	
11	子どもにとっての楽しい授業づくりに励んでいるか	
12	公平に接していると理解されるようにしているか	
13	第三者からの助言を受け入れるようにしているか	

Columm

「子どもらしさ」って

　子どもらしさって何でしょうか？　そう問われると，「純真な心」「ピュアな心」「素直な心」など，なんとなくきれいな心のイメージをもってしまいます。
　だからでしょうか？
　子どもは大人の言うことを何でも聞くべきだと思われます。子どもは正直であるべきだと思われます。子どもはいつも明るく微笑んでいるべきだと思われます。
　でも，本当に，それが本来の子どもらしさなのでしょうか？
　そもそも，子どもらしさって，誰が決めたのですか？　子ども自身ですか？　いえ，そうではありません。大人の幻想が描いた理想の子ども像。それが，子どもらしさです。

　私が知る限り（私の子ども時代も含めて），子どもは，大人が思っているほど，かわいいものでもないし，鬱陶しく，大人の思い通りにいかないものです。しかし，それが子どもの本質ではないでしょうか。
　この事実を受け入れるところから，教育は始まるのです。ところが，大人は，理想の子ども像に現実の子どもを近づけることが，大人の仕事であるかのように振舞います。しかし，現実の子どもは，そうはいきません。すると，思い通りにいかない欲求不満を，大人は子どもにぶつけます。
　子どもからするとたまったものではありません。自分の本質的ではないことを求められ，大人の思い通りにならないと叱られるのです。当然，子どもたちは困惑してしまいます。

　ここに私は，今の歪んだ教育の原因があるように思います。本来の子どもらしさを受け入れてやれば，子どもはもっとのびのび暮らしていける気がします。

1章
人間関係がぎくしゃくしてきたら

1章 人間関係がぎくしゃくしてきたら

1 集団づくりを「ペアづくり」から始める

こんなことがありませんか

「好きな人とグループを組みたい」「〇〇さんと一緒のグループになりたい」「□□さんとは、同じグループになるのが嫌」

何か学級で活動するためのペアづくりをするとき、以上のように、いつも決まった子どもたちだけでペアを組んだり、同じペアになりたくない子どもの名前をあげたり、協力する場面で一緒に活動できなかったりすることが多く見られるようになっていませんか。

なぜ誰とでもペアになることが必要なのか

前述した状況が見られるということは、クラスの人間関係が広がっていないということを意味します。

こうなると、小さな仲良しグループが次々にできあがります。すると、互いのグループ同士で牽制し合ったり、グループへの帰属意識の強さから悪い行為にも同調することで仲間意識を保ったり、そのグループ内で階級ができていじめが起こったりという問題が出てきます。

そんなとき、他の子どもと交流したいと思っても、学級に誰とでも関わり合いがもてるリレーション（信頼関係）ができていなければ、単にグループから離れても他のグループに入れず独りぼっちになってしまいます。そうなることを恐れ、不安な気持ちを抱く子どもがたくさんできると、学級全体がぎくしゃくし、それを解決できない不満が教師に向くようになります。

そうならないためにも，仲良しグループばかりができあがってしまう前に，誰とでもペアになれる集団をつくることが必要なのです。**ペアは集団づくりの基礎です。まずは学級の誰とでもペアになれるようにしなければ，健全な小・中集団も，全体集団も生まれません。**

☑ 誰とでもペアになれる学級集団をつくる

　まずは，ペアでできる簡単なゲームを授業や朝の会などで行います。できれば，いろいろな子どもとペアを組むことができるように工夫します。

　「指キャッチゲーム」など，ルールが簡単で，説明が短く，5分程度で終われるものがよいでしょう（p.43参照）。

　また，普段から，教室の机はペアでくっつけるようにしておきます。班は固定せず，ペアを短期間で交代するようにします。「生まれ月が同じ者同士」や「好きな食べ物や好きな色が同じ者同士」といったように課題を出し，数日でどんどんペアを替えていきます。

　そして授業中にペアでいろいろな活動をさせます。ペアトークをしたり，国語の音読で交代読みをしたり，互いに宿題の点検をしたりといった具合です。

　こうすることで，今まで距離を感じていた級友との距離が縮まったり，相手への偏見がなくなったりします。さらに，活動することの中に認め合いが生まれれば，そこから友情が芽生えたりもします。

　こうして，1ヶ月程度継続し，誰とペアになっても協力して学習活動ができるようにしていきます。

🔍 Point

　誰とでもペアになって活動できるクラスは，独りぼっちをつくりません。少々気が合わない相手とでも協力できる人間関係があれば，仲間からあぶれた子どもも，他に仲間を探すことができます。

1章 人間関係がぎくしゃくしてきたら

2 小集団をつくれるようにする

こんなことがありませんか

　グループで活動させると，いつもリーダーになるのは同じ子ばかり。同じ子ばかりに仕事をさせて，他の子は何もしない。また，グループを決めるとき，お気に入りのメンバーと一緒になれなければ露骨に嫌な顔をする…なんてことはありませんか。

☑ ペアがつくれたら次は小集団

　ペアが組めるようになったら，次は小集団づくりです。3～4人で1グループがいいでしょう。小集団が決まれば，その中でいろいろな役割を与えます。その役割を果たすことで，教師だけではなく，メンバーからも称賛されるようなしくみをつくります。

　また，**その役割は，グループ内でローテーションすることが大事です**。こうやって，いろいろな役割を誰もが経験できるようにします。すると，それぞれの役割の大変さや重要さを全員が認識できます。認識できると，相手への気づかいができるようになります。

　それから，この小集団づくりで1番大事なことは，**なるべく短期間でメンバーを替える**ことです。メンバーが替わっても，小集団の活動がうまく機能するようにします。誰と小集団をつくっても活動できるようになれば，うまく集団に入れない子がいなくなります。

☑ ナンバー制度を導入する

　小集団づくりの具体的手立てを1つ紹介します。授業だけでなく，朝の会や帰りの会など，いろいろな場面で使うようにします。

●**ナンバー制度**
①3～4人でグループをつくる。グループづくりは，同じ生まれ月グループでもいいし，好きな色グループでもよい。
②集まったグループのメンバー全員と「よろしくお願いします」と言いながら，握手をする（ハイタッチでもよい）。
③グループの中で，1～4の番号を決める。
④番号順に役割を与える。
【例】「1番の人。○○を取りに来て，グループの人に配りなさい」「2番の人。司会をしなさい」「3番の人。ノートを集めて持ってきなさい」「4番の人。前に来て，これから先生が言うことをグループに伝えなさい」
⑤一人ひとりが指示された役割をこなすたびに，その他の子どもは「ありがとう」の感謝の言葉を伝える。
⑥最後にグループごとで，メンバーの一人ひとりによかったところを伝え，称賛し合う。その後，「ありがとうございました」を言って解散する。

　こうして，メンバーをどんどん替え，学級全員と1度は同じグループになるようにしましょう。

Point
　この小集団がうまく連携し合って，将来は，中集団→大集団→自治的集団と成長していきます。

1章　人間関係がぎくしゃくしてきたら

3　ゲームを取り入れる

こんなことがありませんか

　ペアやグループで話し合いをさせようとしても互いに交流をしようとせず，貝のように口を閉ざしたまま。教師が活動を指示してもしらけた雰囲気が漂う。「え～っ，面倒くさい」といった消極的な発言や行動が見られる…なんてことはありませんか。

☑ 心を開放する場が必要

　これは子どもたちの不満がたまって，学級に警戒心と緊張感が漂っている状態です。教師や友達に対するイメージがプラスになるような楽しい体験が必要です。楽しい体験は子どもの心を自己開示させ，本音と本音の感情交流を促します。そこでありのままの自分を認めてもらったとき，仲間意識が生まれます。

☑ 楽しい場づくりにはゲームが一番

　楽しい体験ができる場を設定するなら，ゲームが一番です。最初はジャンケンのような，教師の指示に対して個人で楽しめるものがいいでしょう。友達と関わり合いをもたずにできるものの方が，気が楽だからです。学級全体に楽しいムードができてきたら，ペアでできるもの，少人数でできるものというふうに，人数を増やし，仲間と交流ができるように仕組んでいきます。

また，ゲームはルールが単純明快で，教師があまり指示を出さなくてもできるものがよいでしょう。複雑な説明を必要とするものは，子どもに受け入れられません。また，ルールが難しいことでけんかが起こってしまうと元も子もなくなります。

　さらに，ゲームは，朝の会や帰りの会，授業のすき間，休み時間など，ちょっとした時間を使って行います。時には，学級活動で行ってみるのもいいでしょう。ただし，あまりやりすぎると，子どものゆるみを促進してしまうことにもなりかねないので，注意しましょう。

　このゲームに教師も介入します。教師も自己開示が必要です。一緒に楽しめるとわかると，子どもたちはぐっと心の距離を縮めてきます。

【例】「指キャッチゲーム」
①右手でつぼの形をつくる。左手は人差し指を立てる。
②ペアで向かい合って，お互い相手のつぼに左手の人差し指を上から入れる。
③教師が「キャ，キャ，キャ，キャッチ」のように，「キャッチ」と言ったら，右手で相手の人差し指を握る。同時に左手の人差し指を相手に握られないように抜く。相手の人差し指を握って，自分の人差し指を抜くことができた方が勝ちとなる。
④教師が，「キャ，キャ，キャ，キャベツ」「キャ，キャ，キャ，キャロット」「キャ，キャ，キャ，キャンディー」など，似た言葉を言うとひっかかる子どもが続出して，盛り上がる。

Point

　学級を立て直すには，子どもとの人間関係や学級の雰囲気が良好なものでなければなりません。子どもは，いいなと思う教師の話は聞きます。また，いいなと思える集団には身を寄せようとします。そういった和やかな関係をつくり出すためにゲームをうまく活用します。

> 1章 人間関係がぎくしゃくしてきたら

4 休み時間のおしゃべりを楽しむ

❁ こんなことがありませんか

　「○○さん」と名前を呼んでも，返事がない。「これを手伝ってくれる？」と頼んでも迷惑そうな顔をする。ちょっと注意をすると，すぐ不機嫌そうな表情になる。休み時間に教室にいても，誰も自分に話しかけてこない。
　こんな風に，教師が子どもに何か働きかけたとき，よそよそしかったり，不満げだったり，なんとなく心の距離を感じる…なんてことはありませんか。

☑ たわいもないおしゃべりが心の距離を縮める

　自分は守られているという安心感と，自分は学級の一員であるという存在感が，教育の土台です。この上に，教育の積み上げが成り立ちます。この土台が揺らいでいるにもかかわらず，教育だけを無理に積み上げようとすると，土台が耐えきれなくなり，積み上げた教育は崩れ去ってしまいます。
　この土台を強固にするのが，実はたわいもない「おしゃべり」です。話題は学校や勉強以外のことがいいです。授業には全く関係ないことを気軽に話せる関係と時間があることが，この土台づくりには欠かせません。
　子どもとおしゃべりをするには，教師としての顔だけを見せていてはいけません。一人の人間としての自己開示が必要です。
　私は，自己開示する話として，自分の子どものときの話をよくします。このとき，自慢話や成功体験の話よりも失敗談が受けます。一緒になって笑えるからです。また，「先生にもそういうことがあったんだ」と子どもが親近

感をもちます。
　TV番組の話もよくします。「昨日の○○見た？　おもしろかったよね〜」といきなりおしゃべりのスイッチを入れます。そして，たくさん話した最後に，「これだけ話せるということはかなりTVを見てますね。気をつけなさい」と怒ったふりをして言います。先ほどまでとのギャップに子どもたちは大笑いです。TV番組の話は，他の子どもとも一緒になってできるので，おしゃべりの輪が広がります。
　行事が終わった後の思い出話も盛り上がります。修学旅行の思い出話に花が咲き，授業がスタートしても気づかなかったこともありました。「先生が見回りにきたとき，本当は起きてたよ」「知ってたよ。その後，トランプしてたでしょ？」「何で知ってるの？」「えっ？　本当にしたの？　冗談で言ったのに」こんな会話を子どもたちと楽しみます。教師は，上からばかりでなく，たまにはこうして子どもと同じ高さに立ってみることも大切です。
　簡単なおしゃべりなら，廊下ですれ違うときにもできます。「おはよう，○○君。今朝は何を食べてきたの？」とか，「おはよう，○○さん。昨日の国語のとき，勇気を出して，よく発言できたね」など，あいさつの後に一言，コメントをつけるようにします。子どもからすると，教師から気にかけてもらっているうれしさがわきます。教師の一言に反応して短いおしゃべりができるようになります。
　こうした工夫をすることで，おしゃべりをする時間をつくります。気軽にいつでも話せる，そして，自分の話を聞いてもらえると思えば，教師に心を開くことができ，それまでの心の距離を縮めることができます。

Point

　いつでも気軽におしゃべりできるという関係が安心感を生みます。そして，たわいもないおしゃべりから自己開示が進み，互いの共通点を見いだしたり，相手に興味をもったりします。おしゃべりは特定の子どもとするのではなく，大勢の子どもとするように心がけましょう。

> 1章 人間関係がぎくしゃくしてきたら

5 話を聞く習慣をつける

こんなことがありませんか

　教師の話を聞こうとせずにそっぽを向いている。顔は教師の方を向いていても話は素通り…。また，授業中に友達が発表していても，発表者の方を向くことなく下を見て手悪さをしている。こんな風景が教室内にありませんか。

☑ 聞くことは，集団生活を送る上での最低限度のマナー

　集団でうまく生活していくための最低限のマナーが，「あいさつ」と「聞く態度」です。これらのマナーは，学級集団の雰囲気づくりの土台になります。聞く態度が悪ければ，発表するときの声が小さくなります。それは，安心感のある雰囲気がつくられないからです。聞き合う学級を育てればこういったことは起こりません。

☑ 聞く子を育てる方法

　周囲の先生方を見ていると，話す指導はよく行われますが，聞く指導はあまりされていない気がします。「相手の方を向いて」とか「うなずきながら」とかいった，表面的な聞く行為の指導で終わっているのです。
　聞くことを習慣化させるには，聞くことのよさを感じさせながら，**どれだけ聞けるのかを確かめる工夫**がいります。そうした具体的な指導を継続的に仕組んでいきましょう。

具体的な手立てを，いくつか紹介します。

教師や友達が話しているときに，**突如，「今のお話の感想をどうぞ」などと言って，いきなり発言を求めます**。こうすると，いつ指名されるかわからないので緊張感をもって話を聞きます。

また，**指示は1回しかしない約束をしておきます**。聞き直せばいつでも何度でも言ってくれるとわかれば，そのときに聞いておこうとしなくなります。どうしても聞き直しをしたければ，友達に聞くようにさせます。

そして，話をしているのに聞いてもらえないときは，その場で沈黙して立ったままでいます。全員が気づいて話を聞く態度になったら続きを話すようにします。

その他にも，以下のようなことを継続して取り入れるとよいでしょう。
①**立場逆転！**…1人の子が話し，後の子は聞かないふりをします。このような体験をすることで，聞いてくれる人の存在のありがたみがわかります。
②**聴写と写話**…話したことをそっくりそのままノートに書きます。または，そっくりそのまま言い直します。どれだけ正確に再現できるかを競います。
③**ダウトを探せ！**…範読の際に，教師がときどき間違えて読みます。子どもたちは，間違いだと思った瞬間に「ダウト」と言います。こうして，集中して聞くことを楽しむことができます。
④**長い伝言ゲーム**…時には，ゲーム感覚で聞くことをトレーニングするのもよいでしょう。「目が飛び出すほどおいしいおいしい肉まん」といった具合に，長い言葉の伝言をしていくゲームです。

Point

聞くことは，集団生活を送る上での最低限のマナーです。表面的な聞く行為の指導だけでなく，楽しみながら聞くことのよさを体感し，聞けているかどうかを実際に確かめるプロセスのある指導を積み重ねていくことが大切です。

1章 人間関係がぎくしゃくしてきたら

6 互いに認め合う場をつくる

こんなことがありませんか

　友達のよい行為を紹介してクラス全体に広げようとしても，なぜかしらけた雰囲気になる。ノートをコピーして掲示しても誰も見ない。体育でよい動きの手本をしてくれた子どもに拍手がない…なんてことはありませんか。

認め合う場の設定を行う

　互いのよさを認め合うことができなければ，緊張と不安が漂い，互いに関わりを避けようとする集団になってしまいます。これをそのままにしておくと，その学級は完全なる崩壊に進んでいきます。
　そこで，友達のよいところを共有する場を設定します。

①誰でしょうクイズ
　友達の名前とその子のよさを3つ書いたカードを集めます。その中から1枚のカードを選び，書かれているよさをヒントにして，その子が誰かを当てるというクイズです。

②幸福の手紙
　教室の机を円形にし，配布したカードに自分の名前を書かせます。次に，左隣の友達にカードを渡します。渡されたカードに書いてある名前を見て，その友達のよいところを記入させます。記入したら，また，左隣に渡します。

こうして、1周させると、自分のよさがたくさん書かれたカード（これを幸福の手紙といいます）が返ってきます。

③今日の神様

学級全員の名前を書いたカードを用意します。それをアトランダムに配ります。カードに書いてある名前を絶対に人に見せないようにします。そして、そこに書かれてある人のために、1日3つ以上いいことをします。しかも見つからないように。帰りの会で、自分は誰に助けてもらっていたかを当てっこします。当たった場合はもちろん、外れた場合でもいい気持ちがします。

「幸福の手紙」の様子

☑ 一生懸命になれることにチャレンジさせる

何か全員が熱中することをさせます。もう少し頑張れば達成できるような課題にみんなでチャレンジさせます。ゲームでもかまいません。ただし、長期間ではなく、短期間で、小刻みに何度も行います。

人は、そばで同じように頑張っている人に心を開きます。頑張っている姿に刺激され、自分の励みになるからでしょう。時には助け合いもあるでしょう。そういう中にいると自然と仲間意識が芽生えます。

◎ Point

互いを認め合う場づくりを行う前に、まずは教師が一人ひとりの子どものよさを見つけて、全体に紹介しましょう。子どもたちもその行為に触発され、自分たちも友達のよさを見つけようとします。

1章 人間関係がぎくしゃくしてきたら

7 「握手」と「交換日記」で子どもとのパイプをつなぐ

こんなことがありませんか

　休み時間になっても誰も自分のところへ話しに来ない。子どもの輪に入ろうとするけれど，会話に入ることができない。気になる子どもに「どうしたの？」と尋ねても，反応がない。何となく子どもとの関係が切れてしまっている…と感じることはありませんか。

☑ 子どもと握手する

　朝の会の司会をしたがらない子どもがいました。別の教室に行き，どうしたのか尋ねると，「みんなが話を聞いてくれないのに司会をするのは嫌だ」と言いました。「確かにみんなの話の聞き方は悪いよね。でも，先生はしっかり聞いているからね。他にも何人かはいるはずだよ。君は独りぼっちじゃない。先生は応援してるからね」。そう言って，2人で握手しました。

　また，休み時間に1人でぽつんと席についている子どもがいました。わけを聞くと，家族にも秘密で飼っていた生き物が死んでしまって悲しいとのことでした。その日の放課後，一緒にお墓をつくって弔ってあげました。悲しみを共有した後で，生き物はいつか死んでいくものであり，だからこそ生きている時間を大事にしていかなければならないことを話しました。そして，一緒に生きていこうと握手しました。

　子どもは子どもなりに悩みや困難を抱えて，それでも何とか生きていこうとしています。そこを理解し，その思いを共有してくれる人に子どもは価値

を見いだします。その人に対する安心感を抱き，そばにいようとします。
　握手は，そういった関係が結べたことの証なのです。このような握手をたくさんの子どもたちと行えるようにします。

☑ 交換日記で子ども理解を進める

　宿題で日記を書かせていらっしゃる先生も多いでしょう。はじめのうちは，あったことの羅列でかまいませんが，だんだんとその子の心が文章にこもるようにしていきましょう。
　そのために，まずは，教師が赤ペンで書く内容を変えていきましょう。その子の考えに寄り添うものや，自分の意見や，その子を気づかうものなど，子どもの文章の書きぶりの評価以上に，教師の心を伝えるメッセージを書くようにするのです。
　こうやって，交換日記風に書いていけば，子ども理解の手助けになります。また，帰りの会で振り返りノートを書かせたりするのもよいでしょう。
　そんな時間がとれないならば，授業のノートチェックの際に，授業中に頑張っていた場面や，友達の発言を丁寧に聞いていた場面や，隣の子どもに優しく教えていた場面など，その子の学びでよかった場面に対するコメントを書いてみてはどうでしょう。
　こういった書き言葉が，子どもとの心の交流に役立ちます。

Point

　子どもは自分にとって価値ある人の言うことを聞きます。そういう人の近くに集まろうとします。自分が子どもにとって価値ある存在であるかどうかを客観的に見つめてみましょう。そして，心をつなげる努力をしましょう。

Columm

今はできない昔話

　私が新採用を迎えたのは，もう20年も前になります。その当時は，今のような「学級崩壊」という言葉や，「モンスターペアレント」なんていう言葉をつかうことはなかったように思います。こういった状況がなかったわけではありませんが，全国レベルに広がっていることは少なくともなかったでしょう。

　最初に赴任した学校は田舎の学校で，学力向上だの授業改革だのと言われることもなく，学校には本当にゆったりした時間が流れていたように記憶しています。
　私がしたことといえば，とにかく子どもと遊ぶことでした。
　学校の休み時間だけではなく，土曜日や日曜日も学区に出かけ，今日は○○地区の子ども，今日は△△地区の子どもというふうにエリアを決めて，そこの子どもたちと遊ぶ約束をしていました。
　夏休みには，保護者の許しがもらえた子どもが，私の家に泊まっていました。時には，10人以上の子が，3泊もしたことがありました。それらの子どもの中には，なぜか担任をしていない子どもも入っていました。
　クリスマスには，私の家で子どもたちと一緒にクリスマスパーティーもしました。私の車に乗って，スキーにも行きました。星を見ることが好きな子がいたときは，隣の県にある天文台で，夜，星を見る会を開いたこともあります。そのときは，保護者の方が何人も車を出してくれました。
　私と学級の子どもたちだけで，学校で2泊3日の合宿をしたこともありました。

　今から思うと嘘のようですが，とにかく何でもできた時代でした。子どもとの人間関係なんて考えなくても，常に触れ合うことでいつでも何でも言える関係ができていました。いやあ，実に懐かしい限りです。

2章
生活態度がゆるみはじめたら

2章 生活態度がゆるみはじめたら

1 返事やあいさつに気をつけさせる

こんなことがありませんか

　4月のはじめは，子どもの方から明るい笑顔で元気よくあいさつをしてくれていたのに，最近は声が小さくなった。返事もなんだか大儀そうで，中には，返事をしない子も出てきている…なんてことはありませんか。

返事やあいさつには子どもの心のつながりが見える

　なぜ返事やあいさつをしなければならないのでしょうか。それは，お互いのつながりをつむぐためです。
　集団づくりにおいて，心のつながりは必要不可欠です。このつながりがないと，集団に自分の存在感や安心を感じることはできません。「君を大切に思っているよ」という気持ちを伝え合うひとつの手段が，返事やあいさつなのです。
　その返事やあいさつが気持ちよくできない状態は，学級集団の下降を意味します。1度立ち止まって，学級経営を見直してみる必要があります。

返事やあいさつの必要性を確認する

　返事やあいさつをするように指導する前に，前述のような話をして，返事やあいさつの意味や必要性を学級全体で共通理解させます。その後，気持ちのよい返事やあいさつをすることで，教師が学級をどうしていきたいかを子

どもたちに話します。その後は，以下のような方法で楽しく返事やあいさつができるように仕組んでいきます。

①返事リレー

前の子が後ろの子を見て，名前を呼びます。呼ばれた子は「ハイ」と大きな声で返事をします。返事は，相手に返ってこそ「返事」です。声の大きさも返すように話します。返事をした子は，自分の後ろの子の名前を呼びます。

こうやって，どんどん返事をつなげていってリレーをします。最後の子には教師の名前を呼ばせます。教師が返事をした時点で終了です。教師はこの間が何秒かを測定します。これを朝の会に取り入れ，楽しくスピードアップを目指すと盛り上がります。

②あいさつゲーム

朝，出会うと先にあいさつをした方が勝ちとなるゲームです。登校してから朝の会が始まるまで行い，何勝何敗かを競います。どちらが先かわからないときはジャンケンで決めます。教師も参加し，時には物陰に隠れておいて，いきなりあいさつしたりすると，子どもたちも喜びます。

Point

返事とあいさつは，人間が社会を形成していく上での最低限度のマナーです。返事やあいさつをすることで，集団に安心感や存在感を生むようにしましょう。

2章 生活態度がゆるみはじめたら

2 言葉づかいに気をつけさせる

こんなことがありませんか

　子どもがはさみを教師に借りにくるとき,「先生,はさみ」としか言わない。プリントでわからないところがあったとき,「先生,ここどうするん？」とくだけた言葉で尋ねてくる。教師をニックネームで呼ぶ。また,「バカ」「死ね」「ウザイ」など,友達同士でつかう言葉が乱暴になってきている…なんてことはありませんか。

☑ 子どもとの距離をとる

　子どもとの距離を縮めたいと思っても,あくまで教師は子どもたちの統率者です。少しくらいは教師に対して気をつかわせるような,適度な距離を保つ必要があります。なれ合いから学級崩壊を生むこともあるからです。その距離をはかるのに最も効果的なものが言葉づかいです。

☑ 丁寧語をつかわせる

　教師やお客さんには,「です」「ます」をつけて話すように指示します（これを丁寧語ということも教えます）。また,丁寧語をつかうと,相手が気持ちよいばかりか,相手に礼儀正しい子だと思ってもらえることも説明します。
　そして,教師は常に子どもたちの話し方を聞き,できていないときには,その都度やり直しをさせます。

☑ どうしてほしいかを最後まで言わせる

「先生,はさみ」と言ってきたら,「先生は,はさみではありません」と言い返します。「先生,はさみを貸してください」と言えたら,笑顔ではさみを貸すようにします。こうして,**どうしてほしいかを最後まで言わせる**ようにします。

☑ 増やしたい言葉となくしたい言葉を掲示する

子どもたち同士の会話の中で,「バカ」「死ね」「ウザイ」などの乱暴な言葉が飛び交っている場合,それを放置しておくことは危険です。中には,そのような言葉を聞くと心が傷つく子どもがいるのです。そして,そのような言葉が飛び交う雰囲気に馴染めず,教室に入りにくい子どもも出てきます。

そこで,学級内で「なくしたい言葉」について話し合います。**出てきた言葉は,1つ1つ短冊に書き,後ろの掲示板に貼っておきます。**そして,本当に学級でその言葉が聞こえてこなくなったら,1つ1つはがすようにします。

逆に,みんなの心を温かくする言葉は「増やしたい言葉」として掲示します。そして,いい言葉を見つけたら,どんどん掲示を増やしていくようにします。

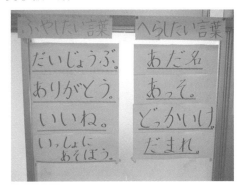

🔍 Point

生活態度のゆるみは言葉づかいに表れます。言葉づかいを意識させることは,相手を気づかう心を養っていくことにもなります。言葉づかいに対して,教師は常にアンテナを高くしておく必要があります。

2章　生活態度がゆるみはじめたら

3　時間を互いに守る

こんなことがありませんか

　授業に遅れて入ってくる子どもが、だんだん増えてきた。掃除場所に遅れて行く子どもが出てきた。休み時間が終わったのにもかかわらず遊びをやめない。以前よりも給食準備を開始するまでに時間がかかる…なんてことはありませんか。

時間を守ることの重要性

　子どもが学級で安心感や存在感をもち、学級にいることが心地よいと感じていれば、周囲のみんなと同じことをしたいと思うようになります。ところが、そうでない場合は、周囲の子どもと同調することに否定的になります。それが一番に表れるのが、時間感覚です。**全体的に時間感覚がルーズになりはじめると危険です。**

　時間を守って決められた活動がテンポよく行われると、子どもの生活にリズムが生まれ、1日の学校生活を気持ちよく過ごすことができます。低学年においては、特にこのリズムが大切になります。

　また、時間は、誰にでも平等に与えられ、誰にもその歩みを止めることができません。そして、過ぎた時間は二度と帰っては来ません。だからこそ、誰にとっても充実した時間を過ごさせてやりたいと思います。

　こう考えると、**時間を大切にすることは、お互いを大切にすることにつながっている**ことがわかります。

☑ 「チャイムで開始」「チャイムで終了」を意識する

　授業開始のチャイムが鳴ったら，直ちに授業を開始します。遅れてくる子を待ちません。時間を守っている子どもを尊重します。**ただし，全員がそろうまでは，本時の学習と直接関係しない内容にします**。例えば，漢字やことわざのフラッシュカードとか，詩の暗唱などです。遅れて来た子の学習進度を確保するためです。また，このときの学習が楽しければ，子どもは，次から時間を守って教室に入ってくるようになります。

　それから，教師はチャイムが鳴ったら授業を直ちにやめなければなりません。子どもに時間を守らせようとするなら，教師も時間を守るべきです。子どもの休み時間を確保してやることは，子どもへの優しさでもあります。

☑ 準備や着替えの時間をはかる

　体育では，早く着替えができれば，それだけ活動する時間が増えます。

　給食準備を早くすれば，食べるのが遅い子どもの食事時間を十分に確保してやることができます。

　こういったことを子どもに説明した上で，着替えや給食準備にかかる時間を短縮しようと呼びかけます。そして，タイムを毎回測定します。時間短縮がなされるたびに学級全体で称え合うようにすれば，一体感も生まれます。

　こういった時間を短縮できるようになれば，生活リズムが生まれます。また，「みんなのためになることをみんなでやれた」という一体感が，学級によい雰囲気をもたらすことにもなります。

Point

　時間を意識したり，約束の時間を守ったりすることは，相手を大切にすることにつながります。だから，教師も時間を守ることが必要になります。

2章 生活態度がゆるみはじめたら

4 服装に気をつけさせる

こんなことがありませんか

　制服に名札がついていない。制帽をかぶって登校して来ない。襟のボタンがすべて外れている。シャツの裾が出ている。アンダーウェアが見えている。ジーパンやカラフルな色のズボンをはいてきている。こんな風に，校則を逸脱した服装の子が増えてきていませんか。

☑ 服装には心が表れる

　服装には心模様が表れます。服装が乱れていれば，みんなのきまりに素直に従えない心があるのです。また，周りから自分がどう見えるかを考えられていないのです。さらに，服装の乱れは，周囲にも影響を及ぼします。ファッションに走りすぎた服装は威圧感を生みます。

　服装の乱れが気になったら，早めに対処しましょう。

☑ 校則の確認をする

　服装のきまりなるものが，どの学校にもあるのではないでしょうか。まずは，学級全体でそのきまりを確認しましょう。単に間違えていたり，忘れていたりするという場合も考えられます。

　また，そのきまりは，イラストにして掲示するなど視覚化しておくとよいでしょう。

☑ 教師と一緒に服装を整えさせる

　例えば襟のボタンが留まっていない子がいたら，教師がそっと留めてあげます。複数いる場合は，**教師も自分のボタンを外し，「先生も留めるから一緒にボタンを留めましょうね」と言って留めさせます**。裾が出ている場合も同じです。名札や制帽が整わない場合は，それらの必要性を説明し，保護者の方にも連絡をして，協力してもらいましょう。

☑ 保護者への理解を求める

　子どもの服装には保護者の意向も入っています。行き過ぎた指導をすると，保護者の理解が得られず，クレームとなって学校に返ってくる場合があります。**服装が気になったら，まずは家庭で何か心配事がないかどうかを保護者に尋ねます**。心配事がなければ，安全な学校生活や活動の遂行に支障をきたす服装については注意することを保護者に了解していただきます。

　右の写真は，私が勤務していた学校で使用していたものです。これを家庭に配布して協力を求めていました。保護者からはわかりやすいと好評でした。

🔍 Point

　服装の乱れをいつも細かくチェックしておくことは，荒れに対する予防にもなります。子どもに言う前に，教師も服装に気をつけましょう。子どもの前に立つ教師がかっこよければ，子どもだってうれしいものです。また，保護者の理解も得やすくなります。

> 2章 生活態度がゆるみはじめたら

5 常に教室をきれいにする

こんなことがありませんか

　教室にゴミが落ちていてもそのまま。いすがしまわれず，出しっぱなしのものだらけ。棚の上にはホコリがいっぱい。ゴミ箱にはゴミがたまったまま。それでも誰も何もしない。そんな教室になっていませんか。

☑ きれいな空気を吸わせる

　きれいなものや風景を見ているうちに自分の心がリセットされて，新たな気持ちで生きていこうと思った経験はないですか。子どもにも，心にあるモヤモヤしたものを吐き出させ，きれいな空気をしっかりと吸わせてあげたい。そしてきれいな心を取り戻してほしい。私はいつもそう思います。そのためにも教室はいつもきれいにしておきたいものです。

☑ 朝と帰りの会の前に掃除をする

　朝早く教室に来て１番にすることは，窓を開けることと掃除です。朝の会が始まるまでには必ず教室をきれいにしておきます。また，帰りの会の後には必ず教室の床を掃き，黒板や棚を拭き，本棚を整頓します。こうやって，次の朝，子どもが気持ちよく教室に入って来られるようにしておきます。

　私の経験では，そのうち，自主的に掃除の手伝いをしてくれる子どもが出てきました。こうした行動は大いに褒めます。

☑ 全員で教室をきれいにする

　授業のはじめや帰りの会で,「これから教室に落ちているゴミを10個拾ってから席に着きます」「これから30秒間,教室をきれいにするために何か行動しなさい」などの指示を出して,全員で教室をきれいにする体験を多くさせるようにします。

　授業のはじまりには,5分以内で,机の中やロッカーを整理整頓させるようにしましょう。こういったことをこまめに行うことで,整理整頓が習慣化されます。

☑ 机といすは１cmも開いてはダメ

　１cmのすき間を許せば,そのうち２cm,３cmと広がっていきます。席を立つときは必ず机といすをぴったりとくっつけさせましょう。また,机の脚の位置を床にマジックでかいておけば,机をそろえさせるときに役立ちます。床についたマジックは時間がたてば自然と消えていきます。

🔍 Point

　人はきれいな場所に集まります。きれいな場所にいると心が洗われます。そんな心のよりどころになるように教室をきれいにしておきましょう。

2章　生活態度がゆるみはじめたら

6 ものをそろえるよさを体験させる

こんなことがありませんか

　下駄箱の靴を見ると，かかとがそろっておらず，ななめだったり，開いていたりしている。トイレのスリッパを見ると，枠の中にちゃんとおさまっていなかったり，裏返しになったりしている。教卓の上の提出物も，重なりがずれていたり，種類が違ったりしている。こんな風に，「なにかにつけて，ものがそろわなくなった」と感じることはありませんか。

☑ ものがそろうということは，その集団にいたいということ

　人間は，その集団にいたいという感情があれば，みんなと同じ行動をとろうとします。他のみんながものをそろえれば，自分も同じようにものをそろえることで集団での存在感を得ようとします。
　つまり，ものがそろうということは，その集団における存在欲求の表れなのです。逆に言うと，ものをそろえることで，その集団への帰属意識を高めることができます。形が整うこと以上に，子どもの心への効果が必ず見られます。

☑ 詩を使った心の指導をする

　右ページに示す詩を子どもたちに提示します。
　そして，□に入る言葉を連想させます。「心」が入ることがわかります。

「心」という言葉を□に当てはめて詩を音読させます。

そろえることのよさを読み取ったところで，「バラバラの牛乳パック」「そろえて置かれていない提出物」「きちんと並んでいない本棚の辞書」「乱れているトイレのスリッパ」などの写真を見せます。

> はきものをそろえると　□もそろう
>
> □がそろうと　はきものもそろう
>
> ぬぐときに　そろえておくと
>
> はくときに　□がみだれない
>
> だれかが　みだしておいたら
>
> だまって　そろえておいてあげよう
>
> そうすればきっと　世界中の人の□も　そろうでしょう

『はきものをそろえる』（曹洞宗僧侶・藤本幸邦作）

自分たちのマナーについて思ったことをノートに書かせ，発表させます。

すると，マナーが守れていない自分を反省する記述がなされます。

「では，どうしたいですか」と聞いてやると，子どもたちは動き出します。そして，ばらばらだったものをそろえだします。

そろった様子を全員で見て感想を言い合います。ものがそろうことの気持ちよさや，心がそろうことの大切さを発表する子が出てくればいいでしょう。

Point

ものをそろえることは，心をそろえることにつながります。心がそろっている学級は崩れません。みんなで心をそろえて過ごすことが心地よいと感じる集団にすることが大切です。

2章 生活態度がゆるみはじめたら

7 週末のものの持ち帰りを徹底する

こんなことがありませんか

　帰る前に,「今日は金曜日です。○○を持って帰りましょう」と言って子どもたちを帰した後,教室のロッカーを見ると,その○○がたくさん置いたままになっている。体操服入れがずっとロッカーに入れたままになっている。上履きをずっと洗わずに履いている…なんてことはありませんか。

☑ 週末の「ものの放置」は指示が徹底されていないことの表れ

　1週間使ったものは週末に持って帰らせます。そして,家で洗ったり,消毒したりするなどして,また月曜日に持ってこさせます。

　洗うものとしては,給食エプロンや体操服や上履きがあるでしょう。消毒するものには歯ブラシがあります。

　ところが,こういったものが何週間も教室に置いたままになっていることがあります。これは衛生上よくありません。さらに,持ち帰らずに放置されたものというのは,「教師の指示が無視されている」ということを長期間にわたって示すことになります。

　この状態が続けば,「先生は持って帰るように言うけれど,確認をしない。先生の言うことなんか聞かなくても何とか過ごせる」といった気持ちを芽生えさせてしまいます。これでは,その他の指示や学級のルールに従うことは望めません。

☑ 帰りの会でチェックする

　金曜日の帰りの会の最後に，次のような指示を出します。
「週末に持って帰るものを机の上に置きなさい」
　こうして，まずは週末に持って帰るものを準備させます。教師は子どものロッカーや棚の上などを確認し，残っていないかどうかを確認します。全員が置き忘れていないことを確認してから通常の帰る準備をさせます。
　または，持って帰るものごとに呼びかけ係をつくっておきます。自分の担当のものを持ち帰るよう全員に呼びかけ，持ち帰っていないものがないかどうかをチェックする係をつくるのです。こうすれば，教師の負担が減ります。
　もしくは，帰りの会の司会マニュアルに持ち帰りを促す台詞を組み込んでおくといった方法もあります。
　さらに言えば，給食エプロンや歯ブラシやマスクなどは，その都度ランドセルに入れさせるとよいでしょう。そうすれば，帰りのときにあれこれと指示をする必要がなくなり，いくつか限定されたものに注意を払えばよいことになります。
　こうして，チェックをこまめにすることで，教師の目が常に働いている状態にしましょう。

 Point

　こうした細かな確認の徹底が，教師の目を働かせることになります。そして，教師がその場にいなくても，自らがきまりやルールを守ろうとする態度を養うことができるのです。

Columm

私たちが本当にしなければならないこと

　私が担任した子どもの中に，いつも体育館シューズを履かない子どもがいました。その学校では，体育館で朝礼があるときや，体育があるときなどは，必ず体育館シューズに履き替えなければなりませんでした。
　その子に何度言ってもダメでした。どうしてかと尋ねると，「サイズが合わないから」という答えが返ってきました。正直，その子の素行を見ていると，本当は履き替えること自体が面倒くさいと思っているからだと考えていました。

　それで，「そんな言い訳ばかりせずに，みんなのルールなんだから，ちゃんと体育館シューズに履き替えなさい。サイズが小さいなら，親に言って買ってもらいなさい」と，私は厳しく言ってしまいました。
　すると，その子は何とも言えない険しい表情で私をにらみつけてきました。そのときの顔を今でもはっきり覚えています。
　それからというものの，その子は全く私の話を聞かなくなりました。授業中もずっと机の上にふせったままで，教科書もノートも出さなくなりました。
　その後，家庭訪問をしてみて，本当の理由がわかりました。その子の家の生活状態が悪く，親に体育館シューズを買ってもらえる状況ではなかったのです。それを知らない私は，なんと軽率な発言をしてしまったのでしょうか。悔やんでも悔やみきれませんでした。

　この子の状況を正しく理解していたら，私は「シューズを持ってこい」なんて言わず，もっと別の言葉をかけてやっていたはずです。その子の心を救ってやるような言葉をかけてやるべきだったのです。
　私たちは，子どもを正しく知った上で指導をしなければなりません。同じ状況でも，子どもによっては違う声かけが必要なのです。そこを忘れないようにしなければ，子どもにとって失礼なことをしてしまう可能性があります。

3章

学習態度が悪くなってきたら

> 3章　学習態度が悪くなってきたら

1 1日1時間，1週間1教科は楽しい授業を仕込む

🦋 こんなことがありませんか

　授業中は座っているけれど，姿勢は悪いし，あくびはするし。私語もちらほら。ノートも雑で，なんとなくやる気が感じられない。
　「全員，起立！」「今日の問題を読みます。サン，ハイッ！」なんて明るく大きな声で指示してみるものの，笛吹けども踊らず。なんだか子どものノリが悪い。こんな授業になっていませんか。

☑ 授業が楽しくなければ，学校は楽しくない

　考えてみてください。1日の時程の中で一番多いのは何ですか？　それは間違いなく授業です。その授業が1日中，おもしろくなかったら子どもは耐えられません。休み時間や給食時間だけを楽しみにしても，それらは短時間で終わります。すぐにまた，退屈な時間がやってくるのです。何の楽しみもない45分は，子どもたちにとって苦痛でなりません。そんな授業が毎日6時間，そして，それが1週間も続くのです。誰だって嫌になります。
　授業中の子どもの表情を見てください。にこにこ笑っていますか？　そういう場面が，最低1時間に1回はありますか？
　子どもが笑う場面が授業中にあると，それだけで子どもは授業を楽しみにしてくれます。そんな場面を仕込むようにしましょう。

☑ 無理のない程度から始めよう

 とはいっても，楽しい授業を毎時間行うのは，なかなか難しいものです。普段の授業の何倍も，教材研究や事前準備にしっかり時間を割かなくてはいけません。

 そこで，「1日1時間」から始めましょう。それでもハードルが高ければ，1時間まるごとではなく，1時間の中の10分だけでもよいのです。子どもたちの知的好奇心をくすぐるような時間を授業中に確保するようにしましょう。

 または，自分の得意な教科があれば，その教科だけでも子どもが喜ぶ授業を行います。**1週間に1教科あれば，その時間だけでも子どもは楽しみにしてくれます。**

 私が荒れたクラスを担任していたとき，社会科だけは全員がそろって授業を受けてくれました。歴史の授業だったのですが，どうも歴史上の人物が登場してくるたびに，その人物に出席番号をつけ，「今日からこのクラスに転校してきた，出席番号31番，聖徳太子さんです」といった具合に紹介していたことがうけたようでした。紹介した人物については，生存していた年代や，職業や，行った業績などについて調べ，ノートにまとめるようにしていました。ここに楽しみを見いだした子どもたちは，歴史人物が登場するたびに，にこにこ笑って調べ学習を進めていました。

🔍 Point

 授業を楽しませなくては，子どもの学習意欲は減退し，心も教師から離れていってしまいます。授業を楽しむことができるから，授業態度をよくするための指示が通るのです。楽しい授業と授業態度は相関関係にあります。

3章　学習態度が悪くなってきたら

2 変化を繰り返し，テンポのよい授業をする

こんなことがありませんか

　授業が始まっても，だらけた感じが残っている子どもが多い。騒ぎはしないものの，子どもにやる気が感じられない。指示を出しても，聞いているのかいないのかわからない。なんとなく教師だけが一生懸命で空回りしている。そんな授業になっていませんか。

テンポのよさが肝になる

　基本的に，授業は，「発問・指示→活動→評価」がワンセットです。このようなセットが繰り返し流れるように進むとテンポのよい授業となり，子どもたちにとって心地よい授業になります。
　1つの発問・指示だけで45分がずっと流れていったり，子どもたちの活動が始まってからもやたらと教師が途中介入して指示を連発し，そのたびに活動がストップさせられたりといった授業をしていると，いつかは子どもから拒否反応が出てきます。学習態度の悪さが気になりだしたら，テンポのよい授業を心がけましょう。

変化の繰り返しがテンポを生む

　漢字の練習場面では，指書き→なぞり書き→写し書き→空書きといったように，いろいろなパターンで書いていきます。

国語の音読も，追い読み→交代読み→列読み→一斉読みなど，いろいろな読みのバリエーションを使って音読させます。

　0～9までの数字のフラッシュカードも，出てきた数字に＋2をした数を言わせてみたり，次に×5をした数を言わせてみたりします。

　このように，**1つの活動に少し変化を加え，その変化が繰り返し行われるような学習活動を授業の最初に仕組んでいくと**，テンポが生まれます。

☑ 1時間をユニットに分ける

　国語の時間に，45分通しで読み取り学習ができるのは，ある程度鍛えられた集団です。荒れはじめの学級には，こういった学習は適さないでしょう。

　それよりも，いくつか短時間でできる学習活動（ユニット）を組むことで，45分を構成してみます。例えば以下のような感じです。

①詩の暗唱テスト……………5分
②漢字テスト…………………5分
③進出漢字　3つ……………5分
④本時の学習場面の音読……10分
⑤本時の読み取り……………15分
⑥本時のまとめと振り返り………5分

　荒れはじめの子どもたちにとっては，**短時間の活動後に評価があるパターンが繰り返し行われる方が学習意欲を継続することができます**。このように，1時間の授業構成にもテンポが生まれるように工夫しましょう。

Point
　テンポを意識して全員をもれなく参加させ，飽きさせずに学習を流す工夫をしましょう。ダレた授業は子どもの不満を生み，学習態度はどんどん悪化します。

3章　学習態度が悪くなってきたら

3 授業で子どもの動きを増やす

こんなことがありませんか

　教師が子どもたちに話している時間がほとんどで，子どもたちの活動はノートに板書を写す程度。子どもは1時間中じっと机について作業するだけ。こんな授業ばかりになっていませんか。

☑ 教師が話す時間を短くする

　教師は元来，子どもを前にするとおしゃべり好きになります。しかし，子どもたちは話を聞くことが得意ではありません。子どもたちが集中して話を聞ける時間は，30秒未満と考えていいでしょう。上記のような授業をしていては，子どもは飽き飽きして，手悪さや私語，姿勢の悪さが目立つようになります。

　授業中に教師が発するのは，発問と指示と説明と評価です。**教材研究をする段階で発する言葉を決めておきましょう。無駄な言葉は極力省きます。**

☑ 全員参加型のグループ活動を仕組む

　例えば，短冊に新出漢字を使った熟語を7，8個書いて提示します。それを，グループごとに1人1つずつリレー形式で読んでいきます。すべて読み終わるのに何秒かかるかを測定し，タイムを競います。

また，音読をするときもグループごとに読む場所を指定し，グループごとで練習をさせます。
　社会の授業のはじめに，教師が告げる都道府県名の位置を地図上で早押しします。隣同士で競い合い，早く正しく指で押さえた方の勝ちとします（同時の場合はじゃんけんで勝敗を決めます）。
　理科の授業では，前時の学習内容からクイズを３問つくり，隣同士で出し合います。
　このように，グループを利用した全員参加の学習活動をテンポよく入れていきます。間が空くとだらけてしまうので気をつけましょう。

☑ 確認は動作を入れて行う

　指示をしたら，必ず評価をします。例えば，「ノートに日付を書きましょう」と指示したら，誰が書いて，誰が書いていないかをチェックしなければなりません。そこで，「隣同士が書けたらペアで立ちましょう」と言います。こうすれば，誰ができて誰ができていないかがすぐにわかります。
　こういうところを評価しないでいると，「先生は言うだけで確かめなんてしないから，別に日付を書かなくてもいいや」ということになります。
　また，机にじっとしているよりも，ときどき動きを入れた方が脳を活性化することができます。「手をあげる」「起立する」「手で大きな丸をつくる」など，いろいろな動作で確認作業をしていきましょう。

🔍 Point
　子どもたちが行う学習活動をたくさん入れましょう。また，体を動かすこともさせましょう。こうして動きを入れることで，授業が活性化し，メリハリが生まれます。とにかく子どもを飽きさせてはいけません。

3章 学習態度が悪くなってきたら

4 授業中の発言を増やす

こんなことがありませんか

　授業中に挙手して発言する人数がまばら。しかも，発言者は同じ子どもばかり。また，よく発言する子どもに任せて，自分は考えようともしない子どもが増えている…なんてことはありませんか。

☑ 列指名を取り入れる

　自分の考えをもたずにやり過ごす子をそのままにしておいては，いずれは大勢の子どもが楽な方へとなびいてしまいます。そこで，発言しなければならない機会を増やし，授業に緊張感をもたせましょう。
　その方法のひとつが，列指名です。プリントや前時の復習などで，「28＋12」「12円の5割は？」「関ヶ原の戦いが起きた年は？」など，答えが明確な問題を答えさせるときに取り入れます。**当てられた列の全員に，同じ問題の答えをどんどん発表させるのです。**こうすると，発言者の数を増やすことができます。また，「次は私の番だ」という緊張感をもって学習に参加する子どもが増えてきます。

☑「いきなりコメント」をさせる

　「私は，○○だと思います。理由は〜だからです」と発言した後に，「**今の意見に対してあなたはどう思いますか？**」といきなり誰かを指名します。

「私は〇〇さんの意見に賛成です。なぜなら～です」と，前に発表した子の意見を受けて自分の意見を述べるようにさせます。もし，意見が言えなくても，「わかりません」と言えば，次の子に当てるようにします。無理に答えさせる必要はありません。「次は意見が言えるといいね」と励ましの言葉を添えてやるとなおいいでしょう。

　こうやって数人にコメントをさせると，コメントをもらった子もうれしくなりますし，聞いている子はいつ当たるかわからない緊張感をもって話を聞くようになります。子どもの発言を単発で終わらせるのではなく，いかにつなげていくかを工夫しましょう。

☑ 発言したくなる発問を用意する

　例えば，3年生の算数の授業。「□＋□＝10」という問題を提示し，□に当てはまる数字を答えさせます。「1，9」「2，8」「3，7」といった整数の組み合わせをどんどん発表します。整数の組み合わせが出尽くしたところで，「まだあるよ」と子どもたちをゆさぶります。1人の子が，「9.1，0.9」の組み合わせを見つけたとたん，「小数を使えばよい」というきまりに気づき，どんどん答えが出てきます。そのうち，「18／2，2／2」といった分数を使えることも発見すると，もう数限りなく答えが出てきて，たくさんの子どもが意欲的に発言するようになります。

　こういった，**オープンエンド型の問題**を用意すれば，発言のチャンスが増えます。

◎ Point

　子どもは，言いたいことが見つかれば発表したくなります。また，発言しなければならない機会をつくってやると，そこで発言できた達成感が，次の発言意欲を生むこともあります。発言の機会が多い授業は，子どもにとっても気持ちいいものです。

> 3章 学習態度が悪くなってきたら

5 子どもの反応を見て授業をする

✿ こんなことがありませんか

　授業中に教科書と板書ばかりを見て，子どもの顔をあまり見ることはない。正解の意見だけを取り上げて，先へ進めようとする。授業に参加できていない子どもや，わからなくて困っている子どもは放置。こんなことが続いていませんか。

☑ 全員の子どもの顔を見ながら発問や指示を出す

　発問や指示を出すときは，必ず，全員の子どもの顔を見てから出すようにしましょう。日頃からそういう癖をつけておくのです。子どもがいきいきとしていれば，次に進めていいでしょう。もし，反応が悪ければ，再度発問を繰り返したり，補助発問を入れたりします。とにかく，**授業を受ける対象を全員にしなければなりません。**

☑ 子どものつぶやきを拾う

　教師の発問に対して，**挙手して発言する子ばかりを相手にせず，ぼそっとつぶやいたり，思わず言葉を発したりした子どもの意見も取り上げる**ようにします。
　「今，『あっ』って言ったよね。それはどうして？」「君の今の言葉はすばらしい。みんなに届けてあげて」「わからないって言えたよね。誰か助けて

あげて」など，とにかく小さな言葉を拾い集めて全体に広げるようにします。こうして，全体のつながりを生むように授業を進めていきます。

☑ 指示の後には，必ず評価を入れる

「○か×か，どちらかをノートに書きなさい。書いたら鉛筆を置きなさい」「カエルの逆立ちを10秒します。何回でもチャレンジします。できたら赤白帽子を赤色に変えます」などのように，**活動をした後にどうしたらよいかまで指示しておきます**。こうすることで，何人の子どもが達成したかを確認することができます。

また，「3分でわかったこと，思ったこと，考えたことをノートにたくさん書きなさい」などと言って活動を開始させた場合は，必ず3分でやめさせ，その後，何個書けたかを確認します。

このように，子どもにとって明確な評価をすることで，「先生はいつも自分たちを気にかけてくれている」と感じさせることができるのです。

◎ Point

授業は子どものためにあります。授業の進度が保たれても，肝心の子どもの理解度や習得率が悪ければ意味がありません。授業は常に子どもと共にあることを忘れてはいけません。

3章 学習態度が悪くなってきたら

6 指示は短く，声には変化をつける

こんなことがありませんか

　教師が指示をしても子どもが活動をしようともせずに，そのままの姿勢で動かない。「何をすればいいの？」と聞き直す子がいる。はじめから聞こうともせずに横を向いていたり，机の上にふせっていたりする。こんな場面がしょっちゅう見られるようになっていませんか。

☑ 指示は短く具体的に

　前置きが長かったり，言い直しが多かったり，追加の指示がたびたびあると聞いている側は嫌になります。これを続けていると，子どもたちは教師の話を聞かなくなってしまいます。

　そこで，**指示を出すときは，短く端的に**済ませるようにします。そのためには，**子どもたちが内容を理解しやすい言葉で話せるように，事前に内容をまとめて台本にしておく**とよいでしょう。

　子どもが指示を聞いてイメージし，さっと取り組むことを続けていると，だんだんと教師の話をよく聞いてくれるようになります。

☑ 一時一事の原則を守る

　「ノートを開いて，下敷きを敷いて，日にちを書いたら立ちましょう」
　これだけでも複数の指示が含まれています。低学年や年度はじめの子ども

たちに,このような指示は適していません。何から始めていいかわからなくなるからです。

ですから,まずは,**1つの指示に1つの活動（一時一事）**といったパターンを定着させます。そして,1つずつが完全にできるようになったら,1回の指示の量をだんだんと増やしていきましょう。

その際,「これからやってもらうことを3つ言います」のように,最初に指示の数を提示しておくとよいでしょう。常に8割以上の子どもができるレベルからスタートしましょう。

☑ 時には話し方を変えてみるのもよし

子どもがだらけてしまっている授業を見て気づくのが,教師の話し方です。共通して言えるのは,声が小さいことと,強弱や抑揚がなく一本調子であることです。

声の大きさについては,最低でも教室の一番後ろの子に届く大きさが必要です。また,大切な言葉をオーバーに表現したり,小さな声で話して意識して聞こうと思わせたり,時には高い声を出して笑わせたり,低い声を出して驚かせたり,いろいろ工夫をして話してみましょう。

ただし,ずっと大きな声で話していてはいけません。聞いている子の心が傷つく場合があります。また,子どもがその声の大きさに慣れてしまうと,いざというとき,どんなに大声を出しても注目を集められなくなってしまいます。

Point
指示や話は,子どもの心に入っていかなくては意味がありません。指示したつもり,話したつもりになって終わらないようにしましょう。

3章 学習態度が悪くなってきたら

7 教師の立つ位置を変える

こんなことがありませんか

　黒板に近い席の子どもたちは話を聞いたり，ノートに意見を書いたり，手をあげて発表したりと活動しているけれど，後ろの方や廊下側の席の子どもたちの反応はいまいち。席の場所によって，学習意欲の差が見られる…なんてことはありませんか。

教師の立つ位置の癖を知る

　読者の皆さんは，授業をされているとき，どこに立っていらっしゃいますか？　正面ですか？　窓側ですか？　それとも，廊下側ですか？
　実は，教師には自分が立つ位置に癖があります。
　さらに，1時間中，ほとんどその場所から動くことなく授業をされている先生もいらっしゃいます。
　また，いつも前ばかりにいて，後ろの席を机間指導しない先生もいらっしゃいます。
　そうなると，当然，教師の目が届く子どもと，そうでない子どもが出てきます。目が届く子どもは，学習活動に励みます。しかし，そうでない子どもは，気が緩んだり，意欲が低下したり，不満を抱いたりします。この差が，学習態度に表れてくるのです。
　これが長く続くと，どんどん教師の目が子どもに届かなくなり，「どうせ先生はぼくたちの方を見てないよ」と勝手な振る舞いをするようになってい

きます。

　まずは，教師の立ち位置は個人によって偏りがあることと，教室内での移動している範囲はかなり狭いということを知っておくことが大切です。

☑ 教師の動線を記録する

　ある先生が私の授業を見に来られました。その先生は，教室の後ろに立って，常にノートに何か書いていらっしゃいました。

　授業後にその先生のノートを見せていただきました。すると，そこには，子どもたちの座席の位置と授業中の私の動線がかき込まれていました。

　黒板から見て，私の動線は，やや右側が多かったように感じました。しかし，前後の差はあまりなかったようでした。教室の後ろの机間指導にも足を運んでいました。

　また，子どもが発言するときは，黒板から離れて，教室の横や後ろに移動して聞いていることも多かったので，私はほとんど同じ位置にいることがなかったようでした。その結果を見て，「先生の動線はすばらしいです」と褒めていただきました。

　そういった経験もあり，私は常に授業中の動線を意識するようになりました。そして，**どの席の子にも必ず私の目が届くようにしていきました。**

　皆さんも，ご自分の授業風景を動画撮影され，その後，ご自分の動線を教室図にかき込んでみてください。すると，自分の癖がわかります。後は，常に動線を意識し，教室内のいたるところに動線を広げていきましょう。

Point

　教師の動線を意識することで，どの座席位置の子どもにも目を配ることができるようにしましょう。教師の目を常に感じながら授業を受けることは，適度な緊張と安心感をもつことにつながります。

3章 学習態度が悪くなってきたら

8 心を整える場面をつくる

こんなことがありませんか

　授業が始まっても机の上に教科書やノートや下敷きなどが出ていない。子どもたちのシャツのボタンは外れ，裾も出ている。机の並びも歪んでいるものがいくつかある。床にはゴミが転がっている。そんな状況で授業を始めようとしていませんか。

☑ 心は服装や環境に表れる

　心の有り様が服装や周囲の環境に表れます。
　いろいろな学校にお邪魔させていただいたとき，玄関の靴箱の様子や，トイレの様子を見ると，その学校の子どもたちの様子がわかると言われる先生もいらっしゃるほどです。
　心から学習に向かっていれば，授業が始まるまでに学習準備はできています。服装は整っています。机の向きもそろっています。床にはゴミなんてありません。学習に入る前に，こういった点に注目させ，服装や環境を整えさせることはとても大切です。**ものが整えば，心も整うのです。**

☑ テンポよく整えさせる

　しかし，荒れが気になりはじめた学級で長々と説教をするのは逆効果です。まずは，「ものが整えば，心も整う」を身体で実感させましょう。授業開始

3分で，とにかくテンポよく身の回りを整えさせるのです。

　チャイムが鳴って授業が始まったら，間髪入れず，「シャツのボタンを留めていたら立ちましょう」と歯切れよく指示します。

　全員が起立したら，今度は，「裾が出ているのを直したら座りましょう」と指示します。

　全員が座ったのを確認したら，「隣同士で，服装のチェックをして，２人とも合格であれば立ちましょう」と言います（どんな服装が好ましいのかについては事前に協議し，子どもたちにも確認させておきましょう）。

　次は，教室の床のゴミ拾いを行います。「今から，30秒，教室をきれいにします。教室がきれいになることを自分で考えて行動します。よ〜い，はじめ！」

　「○○さん，床のゴミを拾っています。すばらしい！」「○○さん，本棚の整理をしています！」「○○さん，花瓶の向きを整えています！」などと，実況中継をしましょう。

　そして，適当なところで，「残り，10秒。10，9，8，…3，2，1。やめ！　すぐに席に着きます」と言って着席させます。

　最後に，学習準備。「これから，先生が手に持つものを出して，先生に見せなさい。最初は教科書！」

　教師はこう言って，全員に教科書を机の中から出させます。そして，机の上に置かせます。全員ができたら，次はノートを出させます。こうやって，次々に準備物を机の上に出させ，最後は，左端に重ねて置かせます。

　このように，テンポよく服装や環境を整え，心が整った状態で授業に向かわせることで，子どもの学習態度もよい方向に変わっていきます。

Point

　服装や環境をテンポよく整えさせる行為は，休み時間との切り替えになります。そして，周囲が整えば，気持ちよく授業をスタートできます。こういう心の整えが学習に向かう姿勢をつくります。

3章　学習態度が悪くなってきたら

9 ノート指導を基礎からやり直す

こんなことがありませんか

　ノートに書く文字が雑になってきた。歪んだ線をかくようになった。字が丸く小さくなってきた。罫線を意識して書かなくなった。板書を最後まで写さない子が数人出てきた…なんて様子が見られませんか。

☑ 文字は心模様を表す

　ノートづくりが雑になってきたら，危険信号です。
　ノート点検をするとわかりますが，学びの姿勢ができている子どものノートは美しいです。真面目に，ミスがないように，丁寧に文字を書いています。
　荒れた心もノートに表れます。字が薄くなったり，マス目を意識せずに書いていたりすると要注意です。荒れが始まったと感じたら，美しいノートづくりができるよう，今一度基礎から指導し直しましょう。

☑ 下敷き・ものさし・色鉛筆を使用させる

　下敷きを敷くと，速く濃く文字を書くことができます。また，ものさしを使用させ，ノートの罫線やマス目に沿って線を引くと，ノートが引き締まって見えます。大事なところを強調するために枠囲みをしたり，文字自体の色を変えたりするときに，色鉛筆を使うとアクセントになります（ただし，何種類もの色を使わせると，華美になりすぎたり，色鉛筆が遊び道具になって

しまったりすることもあるので気をつけましょう）。

☑ 美しいノートの規準を示す

「マスから出ないように書く」「行と行の間を1行あける」「線はものさしで引く」など，ノートに書くときの約束を示します。文字の美しさにばかり目がいくと，そうでない子が救われません。**習字を習っているような字が書けなくても合格がもらえる規準を示すことで子どもの意欲が変わります。**

そして，時には，互いのノートを見合い，美しいノートをまねるようにさせます。「この時間のノートチャンピオン」を決めてもいいし，机間指導の際に合格レベルのノートにシールを貼ってあげたりすることも励みになります。

また，学級通信に掲載したり，「学びのノート」といった掲示板に貼ったりすることもまねっこを増やすこつです。

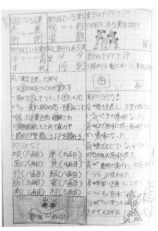

 Point

> 文字は書く人の心を表します。ノートづくりも同じです。目に見えるところを指導することで，外側から心に刺激を与えることができます。

3章 学習態度が悪くなってきたら

10 宿題から心をチェックする

こんなことがありませんか

　だんだんと宿題忘れが増えてきて，全員が宿題提出できる日が少なくなった。宿題ノートの字が雑だったり，字が枠からはみ出ていたり，逆に，すごく小さかったりする。なんとなくいい加減な宿題で終わっている…なんてことはありませんか。

☑ 宿題の実態調査をする

　どの学校でも家庭学習の時間の目安があるのではないでしょうか。だいたいが，「10分×学年」ではないでしょうか。子どもたちが，どれくらい家庭学習をしているか，ときどきチェックする必要があります。30分未満，30分から1時間未満，1時間以上といった大枠で結構です。
　時間が足りない子どもには，家庭学習の様子を聞き，時間のかかる子には，量を減らしたり，早く終わってしまう子には自学や読書を勧めたりするなど，改善策を個別に相談してやります。

☑ 書きぶりから心を読む

　学習態度が悪くなると，だんだん字が雑になったり，ノートの使い方が守られなくなったりします。また，宿題を提出しない日が増えてきたり，音読カードなどはやっていないのに印だけ押して提出したりします。

そういう変化がある子は，学習内容がわかっていなかったり，学級にいることがおもしろくなかったり，他に悩みごとがあったりといった，何らかの困り感があると考えられます。その心模様を探り，必要な手立てを講じます。

☑ 誰もができる宿題を出す

自分だけ宿題ができないのは誰だって嫌です。私の経験では，**わざとやらないのではなく，わからないからやらない子どもの方が多い**ように思います。

量的にも質的にも，みんなのレベルに合っていなければ，量を減らすなり，宿題の種類を限定してやるなりして，その子なりの合格ラインを示してやります。

また，子どもが取り組みたくなるようなプリントをつくってやるのもよいでしょう。必ずそのプリントの中にヒントが隠されていて，誰もができるものにします。また，いろいろな教科の問題が少しずつ含まれているものがよいでしょう。

自分一人で宿題ができるという自己肯定感が学習意欲を生み，ひいては学習態度の改善に役立ちます。

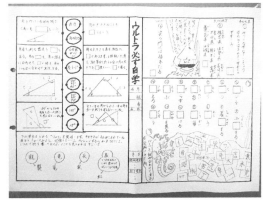

多教科に1枚で取り組める自作プリント

🔍 Point

宿題の提出率やノートの書きぶりからは，学習の到達度だけではなく，学習や学校生活に対する意欲や個人の現在の心のありようが見えてきます。そういった視点をもって宿題をチェックしていきましょう。

Columm

子どもにとっての授業の大切さ

　学級崩壊のクラスを引き継いで受け持った際，4月当初，子どもにアンケートをとりました。その項目の中に，「学校に対する不満は何か？」というものを入れてみました。
　その答えで一番多かったのが授業でした。彼らは，「学校に授業がなければいいのに」と言っていたのです。彼らの授業に対する拒否反応はものすごいものがありました。それが何の教科でも関係ないのです。とにかく，授業を受けること自体にものすごいストレスを感じていたのです。
　それでも学校には，授業があります。しかも，学校生活の中で一番多く時間を割くのは授業です。彼らからしてみれば，学校は最悪の場所になっていたのでしょう。

　では，なぜ，授業が嫌なのでしょうか。その理由を彼らは語りませんでした。ですから，私は自分でそれを推察するしかありませんでした。「わからないから」「できないから」「失敗が怖いから」「退屈だから」「じっと先生の話を聞くだけだから」「友達とのおしゃべりができないから」「友達に認められないから」…
　とにかく，ありとあらゆる理由を想像し，それに対応できるような授業を考えました。時には，自分の授業がどうだったかを帰宅した子どもに電話で聞いていた時期もありました。

　そんな学級も何とか立て直し，最後に，もう一度アンケートをとりました。「理想の学校はどんな学校ですか？」という項目をつくっていました。そこに記入されていた多くの答えは何だったと思われますか？
　「授業が楽しい学校」でした。
　あれだけ授業を嫌っていたにもかかわらず，子どもが学校で一番求めていたのは楽しい授業だったのです。日々の授業の大切さを痛感した瞬間でした。

4章
学級集団が
ゆるみはじめたら

4章 学級集団がゆるみはじめたら

1 ルールを具体的に見直し，見える化する

こんなことがありませんか

　4月に決めたはずのルールを忘れている。それぞれでルールの解釈が違うことが原因でトラブルになる。ルールを守るという意識がなくて，自分勝手をする子どもがいる。こんなことはありませんか。

☑ ルールは何のためにあるかを再確認する

　序章でも話しましたが，ルールはみんなで気持ちよく生活するために存在します。決して，生活を規制するためではありません。ルールを守ることで，気持ちよかったという経験をさせることが大切です。**まずは，ルールを守ることの意義を全員で再確認**しましょう。

☑ ルールを具体的に見直す

　ルールを見直す際は，「そのルールは何のためにあったのか」「いつ，どんなことを行うことがルールとなっていたのか」「ルールが守られていないとはどういう状態なのか」「守られていない場合は，どうするのか」など，具体的な観点を示して見直しをするようにします。
　また，このとき，**教師からの一方的な提案になってはいけません**。趣旨説明をした上で，子どもたちと具体的なルールの改善を図りましょう。
　「ルールはお互いに気持ちよく暮らすためにあるんだったね。だから，み

んなで話し合って、改善した方が気持ちよく暮らせるならルールを変えればいいし、不必要だと思ったら、そのルールをなくせばいいと思うよ。みんなの生活に直接関わることだから、みんなで意見を出し合いましょう」といった具合です。

こうやって、自分たちの意見を出し合って物事を決めていくことが、子どもたちの意欲につながっていきます。

☑ ルールの見える化を図る

見直したルールは短冊に書いて掲示するなど、子どもたちが忘れないような工夫をします。また、**朝の会で一斉に音読して確認させてから、1日をスタートさせます。**

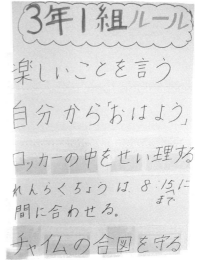

こうやって毎日、ルールを確認していけば、忘れることはありません。これを1年間続けなくてもいいのです。ルールを守ることが当然だと意識できるようになるまででいいのです。

ルールが守られるようになれば、子どもたちを称賛し、短冊を1つずつ外していってもよいでしょう。短冊が減っていくのが成長の証となります。

🔍 Point

学級集団づくりがうまくいくには、ルールの内在化・習慣化が必要不可欠です。ここがうまくいけば、学級の立て直しは大きく前進します。この見直しを子どもと一緒に話し合いながら行うことで、自分たちで学級の雰囲気を変えるのだという意欲をもたせます。

4章 学級集団がゆるみはじめたら

4章　学級集団がゆるみはじめたら

2 緩やかにルールの内在化をはかる

こんなことがありませんか

　頭ではルールを理解できているのに，それを守ろうとしない。そこで教師がルールを厳しく守らせようとして，徐々に学級の雰囲気が悪くなってきた…なんてことはありませんか。

☑ 緩やかにルールを入れていく

　「ルールを再確認しましょう」というと，より厳しく指導しようとする先生が多いです。ですが，厳しく徹底することで反対に荒れを進行させる場合があります。**ルールは緩やかに確実に入れていくことが大切です。**「どこか楽しみながら活動しているうちに，ルールを守ることになっていた」という感じです。

　例えば，「床に落ちているゴミを教師が拾ったらその日の宿題を1つ増やす」というルールをつくったとします。床に落ちているゴミを見つけたら，「あっ！　ゴミが落ちている！」と教師が叫びます。近くにいた子どもが，さっとゴミを拾ったら，「くそっ！　もうちょっとで宿題を増やせたのに」とおもいっきり悔しがります。それを見て，子どもはニヤニヤします。

　「今日は〇〇さんのおかげで，みんな助かったよ」と，拾った子を称賛すると，他の子どもたちから「〇〇さん，ありがとう」の感謝の言葉が浴びせられます。こうすることで，子どもたちが床に落ちているゴミを拾うようになります。ひいては，ゴミを床に落とさなくなります。

☑ ルールを守っていることを褒めまくる

みんなでつくったルールを守っている場面を見たら，すかさず褒めましょう。ルールを守ることが気持ちよく思える経験が必要です。そういう体験を子どもにたくさんさせましょう。ルールは守らせるためにあるのではないのです。**ルールは褒めるためにある**のです。

☑ 教師がルールを守るところを見せる

学級のルールを一番に守るのは教師でなければいけません。「時間を守る」というのであれば，授業の開始や終わりの時間を教師が守ってみせます。「給食準備中はマスクをする」というのであれば，4時間目が終了したら，直ちにマスクをするようにします。教師が率先してルールを守る姿を見せることで，その姿は子どもたちにも広がっていきます。

⚲ Point

ルールを厳しく守らせようとすると失敗します。子どもと一緒に楽しみながらルールを守る体験を積んでいきます。その方が，抵抗なくルールの内在化が進みます。

4章 学級集団がゆるみはじめたら

3 定期的な振り返りで ルールの習慣化をはかる

こんなことがありませんか

ルールの見直しをして内在化を進めてきても，少し時間が経つと，またルールを意識できなくなる。守られるのは教師がいるときだけ…なんてことになっていませんか。

☑ 細やかに継続して観る

子どもがルールを守っているかどうか，常に細やかに観察していなければなりません。給食準備をしているとき，掃除をしているとき，授業で話し合いをしているときなど，**子ども全体が視野に入る位置に立ち，だれが，どんなときにどんなルールを守っているかを観ます。**

こうすると，ルールを守っている子どもがたくさん見つかるので，いろいろな視点で褒めてやることができます。

また，ルール違反をして注意するときも，ルール説明を聞いてくれたら褒め，行動を変えようとしたら褒め，ルールを守ったら褒めるといった具合に，**指導を細かく分けてステップごとで褒める**ようにします。そうすれば，注意されているはずなのに，子どもが受け取る褒め言葉はどんどん増えていきます。

☑ ルールの逸脱を見逃さない

　ルールを逸脱した場合はどうするかも考えておきます。「授業に遅れたら，黒板を消すのを手伝う」「給食の配膳をしなかったら，食缶の片付けを手伝う」「掃除をしなかったら，道具の片付けを行う」など，何かで挽回するようにさせます。このとき，**他の人の役に立つことをさせる**とよいでしょう。**それを行うことで，逆にみんなに感謝されます**。その方が，ルールに対して反感を抱くことがありません。

　しかし，教師がルールの逸脱を見逃していては，どうにもなりません。教師は，常にルールが守られているかどうかを観ておくことが大切です。そうすることで，子どもは教師の目が常に働いていることを意識します。そして，周囲の子どもたちも教師と同じ目をもつようになり，お互いで声かけをするようになります。教師がいない場面でも，教師ならこんなときどうするかを意識して行動をするようになれば，習慣化がはかれたことになります。

☑ 定期的な振り返りを行う

　新たなルールを開始したら，p.93のように短冊などにして掲示します。そして，まずは２，３日後。次に１週間後。次は２週間後といった具合に，ルールの定着度を振り返らせます。**帰りの会などで，守れているルールに挙手させる程度でいいのです**。ルールをつくりっぱなしで，評価を怠ると，ルール自体を大切にしなくなります。振り返りの時間に，習慣化されたルールを掲示から外すのを見せることで，子どもは成長を実感できるようになります。

🔍 Point

　ルールの習慣化が７〜８割の子どもに達成されると，気持ちよく集団生活を送ることができるようになります。「ルールを守ることが，自分たちの成長のバロメーター」と捉えるようになればたいしたものです。

4章 学級集団がゆるみはじめたら

4 「やる気リズム」をつくる

こんなことがありませんか

　朝,遅刻してくる子どもがちらほら。何となくだらだらして時間が流れ,昼からはあくびをする子まで出てくる…なんてことはありませんか。

☑「やる気リズム」をつくるようマネージメントする

　私は,子どもの実態を見て,1日の過ごし方のマネージメントをするようにしています。決まった1日の流れの中でも,子どものやる気によって左右されることは多くあります。これを無視して,計画通りに当てはめると,子どもの心に無理が生じます。やる気がないときに無理やりやらせても教育効果は望めないばかりか,かえって反発を招く結果になりかねません。

　例えば,月曜日。土日の遊びやスポーツ少年団活動の疲れが出て,なんとなくまったりしている子や,遅くまでTVを見て,朝からあくびをしている子など,体調も心も整っていない子どもが目立ちます。そんな日の1時間目は,学習意欲が低下しています。そこで,朝の会にみんなで楽しめる簡単なゲームやダンスを行います。例えば,「日本昔話」のテーマソングに合わせた簡単なダンスを踊るなどです。みんなと盛り上がったことでテンションが上がり,その後の授業へ楽に入っていくことができます。

　また,時間割を組むときは,朝一番や最後の6時間目に,頭を抱える国語や算数の授業はもってこないようにします。こういった教科は,少し脳が活発化する2時間目から,できれば午前中の間に組むようにしています。

どうしても時間割を組む上で仕方ないときは，その授業のはじめに，楽しい活動を入れます。例えば算数なら，指を使った計算ジャンケンをしたり，社会科なら地図帳を使って県名早押しをしたり，国語なら漢字ビンゴをしたりといった具合です。楽しんだ後に学習をスタートさせます。

　逆に，体育で盛り上がったり，お楽しみ会をしたりした後に授業があると，興奮冷めやらぬ状態で授業に入ってきて，叱られるということになりかねません。そういったときは，書写のような作業系の学習をさせて，少し冷静さを取り戻してから，学習を進めるように心がけています。

　それから，教師が休み時間につい誰かを叱っていたり，子ども同士の喧嘩があったりしたときは，なんとなく全体の雰囲気も悪くなりがちです。そういったときは，先ほどのような楽しい活動から入るようにします。いつまでも気まずさを感じながら授業をしてもやる気は起きません。

　こんな感じで，子どもの実態に合わせて，1日を臨機応変にマネージメントします。

Point

　学級がおもしろくなくなると，1日のリズムを子どもたちだけでつくるのは困難になります。そのとき，そのときの感情で動くことになってしまいます。そこで先生が，状況を見ながら柔軟に展開を考え，やる気が出るようなリズムをつくってあげます。

4章 学級集団がゆるみはじめたら

5 学級全員に課題達成の経験をさせる

こんなことがありませんか

　朝の全校朝礼に集まっても，列が乱れていたり，話し声が聞こえたりして，なんとなくだらだらしている。授業が始まって，個人活動やグループ活動に入ってもなかなか活発な学習が見られない…なんてことはありませんか。

☑ やる気の波をつくる

　本来なら子どもに任せておけばいいところにあえて教師が介入して，課題をクリアさせます。ただし，簡単で，短時間で終了するものに限ります。例えば，教師が体育館前で号令をかけて列を整えてから体育館に移動したり，「この朝礼の間，無駄話はゼロにしましょう」と達成目標を与えて，朝礼に臨ませるなどです。指示したことが達成できたら必ず褒めるようにします。
　こうして，**簡単にできることをやらせ切ることで，学級全体のやる気の波をつくって**いきます。

☑ 8割の子どもができそうな課題を設定する

　例えば，国語で毎時間行う漢字のミニテスト（10問）は，前日の宿題に出しておいた問題と全く同じ問題を出します。こうすると，すでに学級の8割近くの子どもが満点です。さらに，間違った漢字だけを帰りの前に再テストしてやれば，ほとんどの子どもが満点をとれます。

算数の筆算では，答えが出る２，３段階前までは板書してやり，残りは自分たちで最後まで行うようにさせます。これだと，８割以上の子が丸をもらえます。

　体育でいえば，馬跳びができれば，８割の子どもは跳び箱で開脚跳びができます。よって，跳び箱を跳ぶ前に，馬跳びをしっかり行います。

　他の教科でも似たことがいえます。課題提示した後，その課題を解決するために必要な既習事項を全員で考えます。さらに，解き方も話し合わせます。そうやって，８割の子どもが解決に向けての見通しをもったところで，個人学習やペア学習やグループ学習を開始させます。そうすれば，ほとんどの子どもは，自力解決できます。教師は，それでも見通しのもてない子どものみを相手にしてヒントを与えたり，解き方を指導したりします。こうすることで，ほとんどの子どもが課題解決を成しとげることができます。

　このようにして，８割の子どもができそうな課題を設定して取り組ませ，結果，ほとんどの子どもが達成できるようにさせます。こういった事実に，子どもたちは達成感と同時に，学級の一体感を覚えます。だからこそ，集団に目を向けることができるようになります。

Point

　簡単にした課題に，たくさん，そして全員で取り組むことで，集団のよさを再確認させます。集団で行うことに肯定的な雰囲気をつくりながら，全体への指示を入れていくようにします。

4章　学級集団がゆるみはじめたら

6 褒めを形に表す

こんなことがありませんか

　みんなができたことを教師が褒めても，あまりうれしそうな様子もなく，淡々と話だけ聞いている。他人事のように捉えて無関心になっている…なんてことはありませんか。

☑ 努力の過程を褒める場面を見せる

　何かを褒めるとき，その結果だけに注目させるのではなく，そこに至るまでの経過を褒めるようにします。結果だけを褒めていると，結果が出ないと感じた瞬間にやる気をなくすことになります。
　「〇〇君は最初10mくらい泳げたんだよね。そのあと，ビート板を使って息継ぎの練習を何回もやったね。すると20mまであと少しのところまで泳いだね。その後はなかなか20mが泳げずに苦労したけど，あきらめずに何度もチャレンジを続けた結果，今日25mを泳げるようになったよね。それまでの努力がすばらしかったよ」とくわしい過程を説明しながら褒めると，自分の細かな頑張りを見てもらっていたんだと，うれしくなります。そして，また努力しようと思えます。
　こういった褒める場面を全体に見せることで，見ている子どものヒントになったり，自分もやってみようという動機づけになったりします。

☑ 褒めを形に表す

　何かに取り組んだ後，学級全体で振り返りをします。そのときに**頑張った証を見える形にしておく**と，そのときの思いを継続することができます。

　例えば，作品を写真にとっておいたり，頑張っている様子をビデオにとっておいたりして，学期の終わりに見ます。こうすることで，そのときの感激を思い出すことができます。

　このときに大切なのが，「いつもみんなに励ましの言葉をかけていたAさん」「みんなのために一番に準備をしてくれていたBさん」という風に，学級全体のために地道に頑張っていた子どもたちにスポットライトを当てることです。

　また，作文を文集のようにして綴じたり，レポートをファイルにためたりすると，自分の努力をその厚みで感じることができます。

　さらには，教室の黒板に，みんなの頑張りを書いておき，朝教室に入った子どもの目に触れるようにしておきます。この板書を写真にとってまとめておけば１年間の成長の証となります。

　成長の証といえば，１年間の主な行事を短冊にして教室に掲示しておき，その行事が終わるごとに，そのとき得られた価値を短冊に書き込んでいくというのもおすすめです。

Point

　努力の過程を形に残して褒めていくことで，そのときの思いを振り返らせることができます。そして，全員で頑張りぬいたことに価値を感じ，集団の意義を感じるようになります。

4章 学級集団がゆるみはじめたら

7 いつもと違う雰囲気をつくって話す

こんなことがありませんか

　ワーワーと騒ぐ子どもたちを大声で叱る。恐怖でいったんは静かになるが，しばらくすると，また同じように騒ぎ出す。「うるさい！」と教師はさらに大きな声で叱るけれど，効果なし。教師が大声を出せば出すほどうるさくなる。そんなことはありませんか。

☑ 机を移動させて，いつもと違う雰囲気をつくる

　前述したことを繰り返し行ってもきりがありません。学級が崩壊し，手がつけられない状態になる場合もあります。厳しさだけでは，子どもは慣れてきます。この状況を抜け出し，教師の意図が明確に伝わるように，注意の仕方を工夫します。

　例えば，全員の机を後ろとサイドに移動させます。そして，教室の真ん中を広く空けた状態にします。そこに，子どもたちを集め，教師のそばにぐっと寄って座らせます。

　または，教卓を黒板の方に寄せ，子どもとの間に何もない状態をつくります。そして，子どもたちの前に椅子を置いて座ります。こうすると，いつもより子どもとの距離が詰まった状態になります。

　このように，**いつも教師が話すのと違う場を設定します。**こうすることで，子どもたちに緊張感が走り，教師の話を聞かないとマズいという感情が生まれます。

☑ 声のトーンも変える

　声のトーンも落とします。そして、注意すべきこととその理由を淡々と語ります。次に、これからどうしていけばよいのか、子どもの意見を聞きます。最後に、「みんなが決めたことを、みんなで守ろうと努力することを私は信じているよ」と伝えます。その後は、決めたことが守られたときに、しっかりと褒めてやります。

　このようにすると、子どもは、教師は感情で叱っているのではなく、自分たちのことを考えてくれているのだと感じます。

　いつもと同じ声で注意をするよりも、声のトーンを落として、じっくりと話すことで、教師の言葉が子どもの心の中に染みていくようになります。

☑ カミナリはいざというときにとっておく

　それでも安全が守られない行為や、人権上許されない言動や、その場で行動の抑制をしなければならない場合に出くわします。

　このような場合は、カミナリを落とし、すぐさま行動をやめさせて、話をします。

　いつもは大声を出さない先生が一喝するのですから効果はてき面です。そういったときのためにカミナリはとっておきましょう。

Point

　いつもとは違う雰囲気をつくることで、子どもたちに緊張感が走ります。そうした中で、ゆっくりと説明することで、教師の言葉が、子どもの心に着実に入っていきます。

4章 学級集団がゆるみはじめたら

8 当番や係の仕事のサイクルを改善する

こんなことがありませんか

当番や係の仕事を忘れている。遊びを優先するあまり手を抜いて仕事をしている。その結果，教師やその他の子どもたちが代わりに行い，一部に負担が集中してしまう…なんてことはありませんか。

☑ 当番や係の仕事のサイクルを回す

学級集団を立て直すには，当番や係といった小集団の動きの改善が必要です。ここでいう動きとは，「①仲間と触れる→②活動する→③フィードバックする」のサイクルが回ることです。このサイクルを回し，小集団がうまく動くようになることで，全体がうまく機能するようになるのです。

当番や係でいうと，「①協力して内容・分担を話し合う→②実際の仕事をこなす→③仕事の成果があったか，役割を果たせたか，協力はできたか，次回からの改善点はないか，などについて当番や係の仲間で集まって反省をする」となります。反省であがったことは，みんなで意識して改善します。こうやって，サイクルをどんどん回し，自分たちの仕事の質を高めていきます。すると同時に，当番や係のメンバー内で人間関係がつながっていきます。

☑ 当番や係を見直す

1度停滞したら，当番や係の活性化をはかります。

まずは，その当番や係が必要かどうかを考えさせます。本来，当番がなくてもすべて担任が仕事を行えばよいのです。また，自主的な係などがなくても学校生活はやっていけるのです。ですから，本当に必要な当番や係なのかを再度吟味します。そして，必要のないものは，削除していきます。すると，どうしても必要なものだけが残ります。ここで残ったものには，何か意味があるのです。そこを共通認識しましょう。

　その上で，当番や係の仕事内容をいつ，どこで，だれが，どのように行うのかについて見直しましょう。

☑ 「いいね」を溜める

　1週間経過した後に，当番活動や係活動の反省をします。朝の会や帰りの会など，全員が参加できるときがよいでしょう。それぞれの当番や係の1週間の働きぶりを見て，よくできていると思えば手をあげます。学級の半数が手をあげていれば，「いいね」獲得です。これを累積し，一定の期間までにいくつ「いいね」が溜まったかを計算します。

　ある一定の「いいね」が溜まったら，その当番や係に手づくりの賞状などを渡すと意欲が増します。

　逆に，「いいね」が溜まらなかった場合は，どこができていなかったのかを全員に聞いてみます。そして，そこから改善策を考えて，その後の取り組みを行うようにします。その改善策を話し合う場として，教室とは別の場所を用意します。会議室のような場があれば，企業のミーティングみたいでおもしろいです。

🔍 Point

　うまく機能する小集団が集まって初めて，学級集団がうまく機能します。係や当番はその小集団の代表格。活動内容の一新，フィードバックの工夫でゆるみはじめた仕事のサイクルを改善し，小集団の機能を高めることが大切です。

4章　学級集団がゆるみはじめたら

9 掃除の仕方や分担を見直す

こんなことがありませんか

　掃除時間になっても，分担のなすり合いをしている。複数でおしゃべりをしていて，掃除が進まない。箒が空を向き，雑巾がくるくる回っている。そんな光景が見られるようになっていませんか。

☑ 掃除の人数とエリアを見直す

　掃除は，一人ひとりが自分の役割を果たすことで初めて全体がきれいになります。このように，掃除は「個人の働きが集まって全体が機能する」という，集団の性質をずばり表すものです。ですから，掃除ができるかどうかは，学級全体がうまく機能しているかどうかのバロメーターとなるのです。
　掃除の時間に遊ぶ子が多いと感じたら，**まずは，そのエリアに対する人数を考えます。**全員が時間いっぱい頑張って，やっと終わるくらいがちょうどいいのです。人数が多いなと感じたら，エリアを増やしたり，掃除のレベルを上げたりして，調整をし直してみましょう。

☑ 掃除の仕方と分担を明確にする

　箒ではく方向，雑巾で拭く方向，はく→拭くの順番，窓拭きの仕方，机の上の拭き方，それぞれの道具の使い方，ゴミを集める場所など，掃除の仕方が明確になっていますか。そして，それが見える化されていますか。さらに，

誰がどこまでするのかが明確になっていますか。
　こういったところがあいまいだと，もめる原因になります。いかに効率よく，そして，きれいな掃除ができるかを考え直してみましょう。

☑ 掃除の反省をさせる

　掃除が終わったら，場所ごとで反省会をします。よかったところは全員で褒め合い，ダメだったところは個人で言うようにさせます。そして，次回の改善策をみんなで考えさせます。
　そうやって反省した内容がわかるようなカードを用意し，毎回記録させます。こうやって，小集団で評価し合うようにします。小集団が動けば，結果全体が動いていることにつながります。

☑ 全体でビフォーアフターを確認する

　少し荒業ですが，1度は，きれいな環境がどれだけ気持ちよいかを体験させてみるのもよいでしょう。朝から教師が教室を散らかしまわり，その状態で午前中，過ごしてみるのです。自分で片付けようとする子も出てきます。そこで，全員にきれいな環境の方がよいことを確認します。確認したら，全員で掃除をします。その後の様子を以前と比較させます。こうして，きれいな環境の大切さを感じさせるのです。

💡 Point

　個人個人が働くことで全体が成り立っていることを掃除で体感させます。そこで，自分の頑張りが全体に貢献していることを感じれば，集団で行動する意義を感じることができます。

4章　学級集団がゆるみはじめたら

10 給食の準備と片付けをスムーズにさせる

こんなことがありませんか

　給食当番の子がおしゃべりをして，エプロンを身につけようとしない。役割分担でもめる。食器の片付けが悪い。ワゴンを運ぶはずがそのまま放置されている。こんなことがよく見られるようになっていませんか。

☑ 給食準備を早くする目的を説明する

　給食準備が早くできれば，その分だけ食事時間が長くなります。そうすると食べるのが遅い子もゆっくり食べることができます。準備を早くすることには，そんな思いやりが込められていることを全員で確認します。

☑ 役割を確認させてから準備を始める

　4時間目が終わったら，まず，配膳を担当する給食当番のみ起立させ，メンバーが確認できたら準備に取りかからせます。同様にして，次は，ワゴン運びの担当，そして，机拭きの担当といった具合に続けます。このように，仕事内容ごとに担当者を確認してから準備に取りかからせます。こうすると，仕事を忘れたり，さぼったりすることがありません。また，先に呼ばれた担当者が働いているので，次に呼ばれた担当者は，自分もやらなければという気持ちになります。その結果，全体がスムーズに動くことになります。

☑ 給食準備のタイムを計る

　分担の確認が終わってから,「いただきます」をするまでに何分かかるかを測定します。測定記録は黒板の端に書いておき,新記録が出るたびに書きかえます。そうすることで,給食準備のスピードが上がります。

☑ 高級レストランのホールスタッフになったつもりで

　「今日も高級レストランで給食を食べます。優秀なホールスタッフになってください」と言って,準備を行います。優秀なホールスタッフですから,おしゃべりは慎みます。手洗いも丁寧にします。また,室内もきれいにします。こうやって全員が自覚をもって準備するようにします。

☑ 片付けもきれいにさせる

　高級レストランですから,茶碗や皿に食べ残しがあってはだめです。食器の片付けは,音が立たないようにします。音を意識させることで,丁寧に重ねるようになります。また,片付けは一方通行で,順番に並んで行います。そうすると,ぶつかって食器を割るのを防ぐことができます。こうやってきれいに片付けると調理員さんもうれしいし,食器洗いも楽になります。自分たちの行為が人のためになることも説明します。

Point
　全体の動きがスムーズな場面をどこかにつくることで,集団で行うことのよさや意味を伝えます。また,集団がうまく動くには,それぞれの役割が必要であることも同時に教えます。

Columm

学びへ向かう学級とは

　学びへ向かう学級とはどのような学級なのでしょうか？　以下の5つのポイントがあげられます。

　①自分が支えられている安心感のある集団で，
　②主体的に学ぼうとする子どもたちが，
　③自治的能力をもった集団を形成し，
　④能動的で協働的な学びを通して，
　⑤学力形成や人間形成を行うことができる学級

　これらは，新学習指導要領において定められた，育成すべき資質・能力や，「主体的・対話的で深い学び」の授業観にも関連するところです。

　学級には，自分が安心していられる場所がなければいけません。さらに，失敗を追及されることなく，寛容さをもって支持してくれる雰囲気が漂っていなければなりません。
　その雰囲気があるからこそ，子どもはチャレンジ精神をもち，主体的に物事や人に関わろうとします。

　自治的能力は問題解決のプロセスを有する集団に形成されます。この問題解決は，能動的で協働的な学びの活動の中で行われます。
　そして，これらの学びを経験することで，学びに向かう力やよりよい社会を築こうとする心が培われていくのです。

　我々がこれから目指す学級づくりは，これから訪れるであろう，未知の社会に対応できる人間性を養うことができる場をつくることであるべきです。

5章

「困った子」に振り回されはじめたら

5章 「困った子」に振り回されはじめたら

1 計画を立てて個別に叱る

こんなことがありませんか

　教師の注意にわざと反抗した態度を示す。注意したら，活動をやめて何もせずに固まったままになってしまう。こんな行動に振り回されていませんか。

☑ 1人の子を叱る「場所」「時間」「タイミング」

　注意や叱責は，感情にまかせて怒鳴り散らすことではありません。子ども本人が問題となる考え方や行動に気づき，自分から修正しようという気持ちにさせるために，河村（2000）は1人の子を叱るときの注意点を3つ挙げています。1つ目は，ほかの子のいないところで注意すること。全体の前で注意されると，その子のプライドが傷つき，問題を理解するどころか，反抗心をあおることになります。相談室に呼ぶなど，ほかの子どもが見ていないところで注意する場を設定します。2つ目は，注意する時間を確保すること。軽い指摘レベルのものと危険な行為は，その場で注意した方がいいですが，それ以外は時間を別にとって，じっくり注意するようにします。3つ目は，叱る時間は短めにすること。1人で呼び出されただけですでに効果はあります。ポイントを決めて，短時間で叱るようにします。

　この3つの注意点を意識することで，子どものプライドを傷つけないで，問題に気づかせることができます。また，反抗的な態度をとられ，教師が振り回されている様子を他の子どもに見られないで済みます。このような姿を見られると，他の子どもたちの教師への信頼感が薄れてしまいます。

☑ 子どもが話を聞ける環境をつくる

叱る「時間」「場所」「タイミング」を設定したら，いよいよ叱る段となるわけですが，ここでも子どもが教師の話を聞く姿勢をつくることができる環境を設定できるよう，気配りと計画を忘れないようにしましょう。

具体的には，教師と一緒に作業したり遊んだりする中で注意する方法があります。子どもがカッとなっていても，そこから時間を空けて，さらにトランプなどを楽しみながら話をすると，冷静な心で教師の話を聞くことができます。教師もババ抜きをしながら，「今日○○君がしたことは，どうしても許されないことだと思いますよ」などと話すのです。どこまで話して，どこまで理解させれば終わりにするのかは，事前に考えておくようにします。

また，後々のトラブルを防ぐためにも，他の教師に同席してもらうことをおすすめします。どんな注意や叱り方をしたのかを保護者に説明するときにも役立ちますし，厳しすぎる言動を子どもに浴びせてしまうことを防ぐことにもなります。

🔍 Point

「場所」と「時間」と「タイミング」を意識し，子どもがこちらの注意を受け入れたり，自らが行動を変えようと思わせたりできるように計画します。

5章 「困った子」に振り回されはじめたら

2 まずは先に話させる

こんなことがありませんか

　何かトラブルがあって事情を聞こうとしても,「こっちは悪くない。あっちが悪い」と相手の責任を追及するだけで,自分の非や過ちは一切認めようとしない。「今日は俺が先にやったけど,前は向こうが先にやってきた」「言葉で言っただけなのに何でそんなにカッとなるかわからない」など,ああ言えば,こう言うで,こちらの話を一切聞こうとしない。そんな子どもの言動に困ることはありませんか。

先に話させる

　河村(2000)は,このように言いわけばかりする子には,「①言いたいことを言わせてから,②『では,どうしたらいいと思うの』と逆に提案させる」ようにすると述べています。言いわけばかりする子は,言葉で自分を擁護する術を身につけています。しかし,逆に自分の意見を求められると,自分の言ったことへ責任をもつ勇気がなく,なかなか口にはしないものです。そこを突いて,教師の思いを伝えるのです。
　また,自己主張の強い子も同様で,「君の言いたいことはよくわかった」と一旦は理解を示し,その後,短くポイントをおさえて注意すると述べています。
　しかし,このように対応しても,「他の子もやっているよ」と居直る子がいるのは多くの読者が経験していることでしょう。このように,他の子へ目

を向けさせ，自分を少しでも擁護しようとする手に乗ってはいけません。

河村（2000）は，このような子への対応として，「『今は，君のことを話しているのです。他の子のことは，その子と話します』と続け，『君の考えを言ってみて』」と促すと述べています。

このように，あくまでその子の責任について毅然として話を進めます。もし，他にもやっている子がいるというなら，その子の名前も聞いておきます。必要があれば，後ほど同じように指導をします。

☑ 先手必勝ばかりではないと知る

先に話を聞くことがすなわち子どもに主導権を握らせていることになるとは限りません。子どもと同じように競り合えば，きっと子どもは自分の擁護のために言葉を発し続け，こちらの話を聞こうとはしないでしょう。先に話を聞いてやると，子どもは反発を弱めます。また，教師にとっても，子どもの話を聞いている間に，この子にどう指導していけばよいか，作戦を考えることができます。先手必勝ばかりではないのです。

🔍 Point

非を認めない子を力ずくで納得させることはできません。無理難題ばかり言ってきたとしても，先に不満を全て吐き出させ，指導のタイミングをはかりましょう。

5章 「困った子」に振り回されはじめたら

3 行動だけを短く叱る

こんなことがありませんか

　廊下を走っていた子に注意をしているうちに，以前掃除をさぼっていたことを思い出し，ついでにそのことも注意してしまった。「ルールを守らなかったり，さぼったりするのは人としておかしい」などと人間性に関する話をしてしまった。そうするうちに，だんだんとその子が話を聞かなくなり，そっぽを向くようになった…ということがありませんか。

☑ 長い説教は逆効果

　上のような話をしていると，話している教師本人は気づかないうちに，説教の時間はかなり長くなります。誰だって自分を否定される話を長くされるのは嫌なものです。
　さらに，たくさんの注意が入ってくると，何について注意を受けているかわからなくなります。追い詰められて自分が否定されているように感じます。
　それが蓄積されると反抗心が芽生え，教師の話を素直に聞かなくなるだけではなく，いちいち教師に文句を言ったり，わざと逆らったりするようになります。

☑ 今のことだけを取り上げる

　過去のことには一切触れず，今，注意したいことだけに絞った話をします。

指導がうまく入らない子どもほど、1つの注意がその子に届くことの意味は大きくなります。1つの行動が変わることで、その他の行動も改善されることはよくあることです。今起こっていることだけを問題にしてしっかり理解させましょう。

☑ 目に見える行動だけを取り上げる

　廊下を走っていたことや、掃除をさぼっていたことは、見える行動です。しかし、「人としておかしい」は、勝手に事象と結びつけたことであり、その子にレッテルを貼ったことになります。

　目に見えない部分をしつこく取り上げて指導しても、見える行動との因果関係を子どもが認めない限り、納得して自分の行動を変えようとはしません。そればかりか、「先生は廊下を走っただけで、僕をひねくれていると判断するのはおかしい」と不満をもつようになります。

　見える行動や態度についてのみ取り上げて、原因を自分で考え、その改善策を見つけさせるようにします。その後、「では、〇〇しないために、□□するんだね」と、簡単に確認して終わるようにします。

Point
　今のいけないことだけを短く厳しく注意して、後はにっこり話を終わる。これが注意や叱責の原則です。

5章 「困った子」に振り回されはじめたら

4 子どもと競り合わない

✿ こんなことがありませんか

　教師が注意するとそのときは指示通りにしていてもすぐに元に戻ってしまう子どもや，教師の注意の言葉に反応してさらに問題行動がひどくなるといった子どもが，教室の中で目立っていませんか。

☑ 子どもと競り合わない

　例えば，子どもが授業中に立ち歩いているのを見て，「座りなさい」と指示を出したとします。しかし，その言葉に応じず，さらにいろいろなところへ移動しはじめたとします。すると，教師は，先ほどよりももっと大きな声で指示を繰り返したり，授業を中断してその子のそばに行ったりするでしょう。それでも，子どもは悪態をついて行動を改めようとはしません。
　こういった場面を少し離れた視点から見ると，教師が子どもの土俵に乗せられ，子どもと同じレベルになってぶつかり合っているように見えます。子どもからすると，教師にかまってもらえるので，してやったりといったところでしょうか。問題行動を起こせば，嫌な授業を受けなくても済み，教師にもかまってもらえるということを学ぶことになります。
　教師は子どものレベルで互いに競り合ったりぶつかり合ったりしてはいけないのです。

☑ ときには放任も必要

　何度か注意しても子どもが立ち歩きをやめない場合は,「今は座って作業をする時間ですよ」と軽く注意を促し,また授業に戻るといった教育的放任も時には必要です。自分が問題行動を起こしても何も状況が変わらなければ,子どもはその行為の無意味さを感じ,行動を改めます。

　子どもとぶつからず,冷静に対応することが効果的な指導となるのです。

☑ 教師を主語にして伝える

　「授業中は静かに座りなさい」は,その子の現状や心模様を理解せずに,一律な行動を要求しているだけです。「今は授業中です。もともと,みんな勉強する時間です。先生は君にも座って勉強をしてほしいと思っています」という,教師を主語にした言葉であれば,教師の気持ちを伝えるという形でその場面における適切な行動の理解を求めていることになります。

　こういった伝え方の方が,その子に自己反省を促し,行動を変えようとするきっかけになります。

🔍 Point

　子どもとぶつかってしまえば,互いに感情的になり,素直に自分を反省することができません。子どもと競り合わず,冷静に対応することが,話を聞く態度を誘発します。

5章 「困った子」に振り回されはじめたら

5 指示を受け入れる体勢をつくる

こんなことがありませんか

　注意をしても，反発して話を聞こうとしない。「はいはい」といった中途半端な返事をしてその場をやり過ごそうとする。こんな子どもが目立つようになっていませんか。

☑ 子どもの心をほぐしてから話す

　いきなり叱ると子どもは心を閉ざしてしまいます。まずは教師の話を素直に聞く姿勢をつくらせることが大切です。叱る前に，ひとつ深呼吸をしてから，子どもの心をほぐすようにします。

☑ 事実確認から始める

　勢いよく一方的に注意をし，子どもに謝らせると，教師はそのとき満足するかもしれませんが，子どもが次から行動を変化させるかどうかは疑問です。
　そこで，「1人で呼ばれて不安かな？」「正しいことが知りたいから聞きたいんだけど…」など**少し前置きをしてから話しはじめます**。これだけでも反発するエネルギーを抑えることができます。
　その後，「君が○○したのは本当かな？」「あのとき，君は○○していたよね」などのように事実の確認をします。事実についての認識を共通化しておかないと，後からトラブルになる可能性があります。

それから,「そのとき,君はどう思ったの?」と心の理解に努めます。**教師が自分を理解しようとしてくれていると感じるだけで,教師に対する抵抗は弱くなります。**

☑ 質問をしながら行動の変化を促す

　「何か嫌なことがあったのかな?」「何をしていいかわからなかったのかな?」などと質問をするのもよいでしょう。子どもは興奮していると,何から話していいかわからなくなります。質問をすれば,それに答えればいいので,何から話せばいいかがわかります。質問に答えさせ,その子の問題点を明らかにした上で,「そんなときには○○すればいいよ」「じゃあ,○○をしてごらん」などと,次からとるべき行動を示します。

🔍 Point
　一方的な注意や叱責は,逆効果にもなりかねません。まずは,子どもの心を整えてから話すようにしましょう。そして,こちらの指示を受け入れて行動を変えてくれたら,しっかり褒めてやりましょう。

5章 「困った子」に振り回されはじめたら

6 教師の土俵に引き込む

こんなことがありませんか

　注意や叱責をしても，その子のレベルに巻き込まれ，教師の方が感情的になって指導が困難になる。そういう子に手をやき，困惑している教師の姿を周りの子どもたちが冷ややかに見ている。そんな場面がありませんか。

☑ 周りの子どもたちを意識する

　この場合，**行動を変えさせたい子どもよりも，教師とその子とのやりとりを見ている周りの子どもたちのことを意識する方が大事**です。教師が手をやいている姿を見て，教師に失望してしまうからです。
　ですから，このような子どもへの対応の際は，他の子どもがいない別の場所で個別指導をします。そうすれば，結果的に指導がうまくいかなくても，手をやく姿を他の子どもたちに見られなくてすみます。

☑ 教師の土俵で対応する

　教師をうまく自分のペースに巻き込んでしまう子どもは，感情を逆なでしたり，相手を馬鹿にしたりするような行動や態度をとります。そんなとき，**決して感情的にならず，冷静に対応ができるように切り替える**ことが必要です。教師の土俵で話をするようにするのです。
　例えば，図工の時間にA君がB君の机にぶつかって，B君の絵筆が落ち，

B君の制服が汚れたとします。それを見た先生が，落ちた絵筆を拾って，B君に謝罪するように指示しました。しかし，A君は素直に応じず，「知らない」と言って立ち去ろうとしました。先生がしつこく注意すると，「先生が制服を洗えばいいじゃん」と言います。

　思わずかっとなりそうですが，そこは冷静に対応します。「へえ，そんなこと言うんだ。でも，本当は，『ごめんなさい』って言うべきだってわかってるよね。自分から謝った方が，早く仲直りできるよ。それとも，『A君が落としたのに』と文句を言いながら，先生が謝っておこうか。どうする？」

　そう言って，A君に選択肢を与えます。この時点で，話の主導権は教師が握っていて，教師の土俵で会話が進んでいます。

　それでも，うまく土俵に乗せることができないと思ったら，時間を変えて再び話をするようにします。**教師自身が冷静さを取り戻し，指導の計画を立ててから臨む**ことで子どもに巻き込まれるのを防ぎます。

Point

　その子を，そのとき，その場で変えようとすると無理が生じます。そのときは伝わらなくてもいつか伝わるときが来る。今はそのときのための布石であると思えばいいのです。そうすれば心の余裕が生まれます。

5章 「困った子」に振り回されはじめたら

7 友達にサポートさせる

🌱 こんなことがありませんか

　別教室に移動するために2列縦隊で並んでいるのに，数人が並ぼうとしない。その子の友達は並んでいるのに。でも，注意したら反発が来そう。ここでもめる時間はない。どうしよう…。そんな風に悩む場面が増えてきていませんか。

☑ 友達に伝えてもらう

　指示が素直に聞けない子どもにとっては，同じことでも，誰に言われるのかによって，その後の態度が変わります。

　先のような状況では，**よく一緒にいる友達に伝えてもらいます。**「○○さんに，列に並ぶように言ってもらえない？」とお願いするのです。人間関係がぎくしゃくした教師に言われるより，普段自分と一緒にいる仲間から言われる方が，その子もすんなり指示を聞けるはずです。また，注意を聞かないその子としては，日ごろ教師の指示に従っていない姿を周囲に見せているので，「ここで先生の指示に従うと周囲の子どもたちに対して体裁が悪い」と感じているものです。しかし，友達の指示を聞いたということであれば，自分の立場は保たれると思うでしょう。

　結果，みんなと一緒に並べば，教師の目的は達成されます。

☑ 仲間を褒めて伝える

　序章４（p.19）でも述べたような，他者のよい行為を認めるのを見せることでその行為を真似させる効果は，受け手が誰のモデルなら受け入れられるかで変わってきます。特に，学級集団への帰属意識が低い子どもには，自分と行動を共にできる限られた仲間にしか価値を感じていません。仲間以外の行動をモデルとして受け入れることができる状態ではないのです。

　よって，**その子の「限られた仲間」が何かよい行為をしたときに，それを取り上げて褒めるようにします**。行動を共にする仲間が褒められる姿を見ることで，そのよい行為を真似するようになっていきます。

☑ フォローできる人を増やす

　ある子が教室から出て行ったり暴れたりしたら，職員室に連絡して他の先生にヘルプをお願いします。その子に対応してもらっている間に，「どうしてＡ君は出て行ってしまったんだろう。先生はＡ君のことをちゃんと理解したいのです。だから，わかる人がいたら，教えて。当然，この学級みんなのことも同じように理解したいと思っていますよ」と話します。教師が全員を理解しようとしていると知ることで，自分も教師に大切に思われていることを知ります。そして，教師に頼られることで，問題解決を教師１人に押しつけず，自らも働きかけることが大事だと感じます。みんなで考えて原因がわかったら，その子について必要な情報を共有します。こうやって，**周りの子が対応の仕方を身につけ，その子をフォローできるようにしていきます**。

ⓘ Point

　教師１人で複数人の対応をするのは大変です。日ごろから互いに連絡をし合ったり，手助けし合ったりするよう仕組みます。こうして子ども同士で関わり合いをもって生活する方が，学級集団づくりを行う上でよい効果を生みます。

5章 「困った子」に振り回されはじめたら

8 不満を聞いてやる

こんなことがありませんか

教師が注意をしたとき，「どうせわかってないくせに」という言葉が返ってくることはありませんか。また，机やノートに人の悪口や「死ね」「殺す」などの人権を無視した言葉を書いたり，攻撃性あふれる絵をかいたりすることはありませんか。

不満を吐き出させる場をつくる

誰だって不満を感じることはあります。この不満を吐き出させる場が，子どもたちには必要です。これを吐き出すことができずに溜まってしまうと，歪んだ行為となって表れます。

では，どのようなことをしてやればいいのでしょうか。難しくはありません。ただ話を聞いてやればいいのです。

心の不満を吐き出したら，次には新鮮なよい空気を吸うことができます。不満な気持ちを解消するための方法を語る必要はありません。吐き出すだけでスッキリする場合もあるのです。

その子が教師に不満を漏らすことができるような関係ができていなければ，養護の先生やカウンセリングの先生に，話を聞いていただけるよう，こっそりお願いしておきましょう。くれぐれも否定したり，改善方法を伝えたりせず，ただただじっくり聞いてやる。それだけをお願いします。話した内容は後で必ず伝えてもらい，その後の指導に生かしていきましょう。

☑ その子とだけの時間をつくる

　その子と話ができる関係なら，休み時間や放課後におしゃべりや遊びを一緒に楽しみます。

　また，掲示物を貼ったり，教材教具をつくったり，ものを運んだりといった作業を一緒にするのもよいでしょう。作業をするうちに，なんとなく打ち解けてくることもあります。「ありがとう」と感謝の言葉を伝えれば，子どもも気持ちがよくなり，向こうから話しかけてくれる場合もあります。

　そうした中で，「君は〇〇するところが，とってもいいな」といった感じで，まずはその子を認めましょう。そうして警戒心が和らいだあたりで，質問をして話を聞き出すのです。このとき，「君は毎日楽しそうだね。嫌なことがないように思えるけど，どう？　当たってる？」などのように，その子の実態に合わせて，続きを話したくなるような質問をしていきます。「そう見えるだけで，楽しくないよ。だって…」と，子どもが話し出せばしめたもの。じっくり最後まで聞いてやりましょう。

🔍 Point

　子どもが心の内面を語るときは，それを否定せず，飲み込むように聞いてやることが大切です。子どもはただただ聞いてもらいたいからです。その後の評価や改善を求めているわけではないのです。「どんな自分の話も聞いてもらえる」，そんな安心感のある場や相手を求めているのです。

5章 「困った子」に振り回されはじめたら

9 叱責とフォローをセットで考える

こんなことがありませんか

注意した子が，その後なんとなくそっけない。大きな声で叱ってから，自分のそばに来てくれる子が少なくなった…なんてことはありませんか。

叱責とフォローはセット

先のように，叱られたことに子どもが反発や抵抗を感じている状態では，次の指導が入りません。また，周囲の子たちも必要以上の緊張を感じます。

私は，時には叱責することもあっていいと考えます。しかし，基本的に叱責はその子に成長をもたらしません。叱責だけではなく，その後のフォローを入れることが大切です。**フォローは叱責した指導の効果を高めてくれます。**よって，叱責とフォローはセットであり，叱責した後にどのようなフォローをするかまで考えておく必要があります。

わだかまりをとる

叱りすぎたと思ったら，「さっきは，きつく言ってしまったけど，先生はどうしてもわかってほしかったんだ。でも，言い方はまずかった。ごめん。今回のことで，君のことを嫌いにはならないからね。だって，君にはいっぱい，いいところがあるからね」と教師を主語にした言葉で，気持ちを伝えます。その子の自尊心を高める言葉を添えると，わだかまりがとれます。

☑ 叱った後は，共同で作業をする

　叱った日の放課後，「悪いんだけど，掲示するのを手伝ってくれない」とその子に頼み，2人で作業をします。作業が終わったら，「ありがとう。助かったよ」と感謝の気持ちを伝えます。こうすることで，**教師がいつまでも自分のことを悪く思っているわけではないことを知らせます。**「また，頼むよ」の一言をかけると，子どもは自分に期待してもらっていると感じます。

　教材を運んだり，授業準備をしてくれるようになると，その子どもとの人間関係が構築されてきたと考えてもよいでしょう。

🔍 Point

　どんな子も，自分は期待されていないと感じると投げやりな態度をとるようになります。どんなことをしても，「それは今だけで，君は将来に可能性がある。それを信じてるよ」というメッセージを伝えるのがフォローの目的です。

Columm

啐啄同時①

　禅の言葉に「啐啄同時・そったくどうじ」というものがあります。卵の中の雛が殻を破ってまさに生まれ出ようとするとき，卵の殻を内側から雛がコツコツとつつくことを「啐」といい，ちょうどそのとき，親鳥が外から殻をコツコツとつつくのを「啄」といいます。
　この「啐」と「啄」とによって，殻が破れて中から雛が出てくるわけです。この絶妙なタイミングのことを「啐啄同時」というのです。
　もう少し簡単に言うと，卵の中の雛が外に出ようとして内側から殻をたたくと，同時に親鳥も外側からコンコンと叩いて，雛が外に出るのを助けるということです。

　これは雛の誕生と親鳥の手助けだけにとどまる話ではなく，迷っている人が答えを出すとき，いかに賢者がタイミングよくヒントを与えるかが大切であるということを言っているのです。
　学びとは，教える側がただ単に知識を流せばよいというものではなく，学ぶ者の状況と心模様に合わせた内容の提供と時期が大切です。心の準備が整っていない時期にヒントを与えてもなかなかすんなりと心に入ってはいきません。また逆に，機が熟していると与えたヒントがどんどん吸収されるのがわかります。

　教えを受ける側と教えを与える側とが一致したとき，真の教育が行われます。子どもの教育は，その心身の成長の段階に応じて適切に行われなくてはなりませんが，とかくずれてしまいがちです。
　教師と子どもの人間関係においても，相互の啐啄が意気投合していればうまくいきますが，そうでなければうまくいきません。だからこそ，我々は子ども理解を進め，教育ができる時期を見極める必要があります。そのグッドタイミングが来るのをじっと見定める力がいるのです。

6章 教師自身がつぶれないために

ここまでは，学級が本格的な崩壊に向かう前に打つべき一手についてお話ししてきました。
　しかし，これらの手を尽くしてもなお，荒れがじわじわと進行し，いよいよ教師自身がつらくなってくることがあるかもしれません。ここまでにも述べてきましたが，教師が余裕をなくせばなくすほど，子どもは教師から離れていきます。まして，教師自身がつぶれてしまっては元も子もありません。

> 　朝，学校の駐車場に車を停めても，職員室までが遠く感じられ，車から下りられないこともありました。なんとか職員室まで入っても，学校という臭いがぷんぷんして，たちまち家に帰りたくなりました。

> 　1時間も授業すると，もう教室にはいられなくて，職員室横の休憩室に飛び込んでいました。これから残り5時間も授業があるのかと考えると，1日がとても長く感じられ，恐怖でいっぱいになりました。

> 　1日を過ごすのも大変な状況でしたので，それがまだ200日も続くと思うと，とても1年間をやりきる自信なんてなかったです。

　学級崩壊の経験をもつ先生方にお話を聞くと，このようなことを話してくださいました。私も，経験があります。ですから，とても共感できました。
　学級崩壊は，それほど教師の心を傷つけ，追い詰めるのです。
　ですから，学校を休まれる先生や，中には，退職された先生もいらっしゃいました。その先生方は，本当につらかったことでしょう。
　しかし，それでもあえて言わせていただければ，学級を立て直すのは，やはり担任の先生しかいないです。担任の先生が，最後まで子どもを見捨てようとしなければ，きっといつかは光が見えてきます。だから，その光を見ないままに先生方につぶれてほしくないのです。
　結びとなる本章では，教師自身がつぶれないために覚えておいていただきたいことを書きました。

6章 教師自身がつぶれないために

1 10割をこなそうとしない

　荒れが見られるようになったら無理は禁物です。教師は計画したことを時間内にパーフェクトにこなすことを目指しがちですが，実はそこに落とし穴があります。時間内に全部行おうとすると，教師に余裕がなくなります。そうすると，例えばこんなことが起こります。

　子どもは教師の授業がよくわかりません。もう少し，わからないところをじっくり教えてほしいと思っています。だから，手悪さやよそ見やおしゃべりなどの「わからないよ」サインを出します。ところが，進度を遅らせたくない教師は，こなすべきことを優先し，子どものサインを見ようとしません。カリカリして，子どもが何か言おうものならすぐに叱られてしまいそうです。子どもは，教師の余裕のなさに息苦しさを感じます。わかってほしいのにわかってもらえない不満がどんどん溜まります。そのうち，「わからないよ」サインがどんどん大きくなり，最終的に教師に叱られます。

　こんな余裕のない教師に，子どもは近づきません。どんどん心が離れていってしまいます。

　学級がうまくいっていないときは，無理しないことです。その時間にやりたいことが２，３割できたらよしとしましょう。時間が余れば，簡単なゲームなどをして楽しみます。残ったところは，また，次の授業に行えばいいのです。**こういった楽天的なところがある教師には余裕という名の遊びが生まれます。遊び心のある教師に，子どもは魅力を感じます。**

　10割をこなすよりも，２，３割でよしと済ませ，残りの時間を遊びに使うくらいの心の余裕がある教師になら，子どもはついてきます。

6章 教師自身がつぶれないために

2 責任を負いすぎない

　学級崩壊は，いつ誰のところで起こるかわかりません。ベテランの教師の学級でも起こっているのです。ですから，**荒れた原因を自分１人の責任だと思わないことです。**

　いったん荒れはじめると，なかなか振り上げた拳をおろせないでいる子どもたちです。学級をゼロの状態に戻すのも至難の業です。それを１か月やそこらで立て直すなんてことはできません。

　もっと長い目で子どもを見ましょう。今はできなくても３月までにできればいいのです。挨拶も返事もしない子が３月の終わりに，やっと「おはようございます」と言ってくれれば，それでいいのです。とにかく，３月の終わりまで，皆さんが何とか子どもの前に立ち続け，１年間を何とかやり遂げる。それだけでも大したものです。

　では責任は誰にあるのでしょう。教師にだけ責任があるわけではありません。保護者に求めていいわけでもありません。逆に言えば，誰にも責任があるのです。ですから，責任追及をしていても何にも変わりません。

　こういう場合は，次のように考えることが大切です。

　「学級が荒れたのは自分が悪いわけではなく，自分のやりようがその子たちに合っていなかっただけだ」

　こう考えると，方法論に目を向ければいいので，自分を責めることがありません。いろいろな方法を考えてみたり，他のセミナーに行って学んだり，本で知識を得たりしながら実践を行えばいいのです。

6章 教師自身がつぶれないために

3 聞いてもらえる同僚を探す

　荒れた学級を1人で立て直すのは困難です。その前に，自分の心がもたなくなってはいけません。

　そのためにも，自分の苦しさを聞いてもらえる同僚を探しましょう。隣の席の先生でも，同じ学年の先生でも，管理職や教務主任の先生でも，養護の先生でもいいのです。とにかくひたすら聞いてくださる方を見つけましょう。

　相談された先生の中には，なんとか力になりたいと思って，改善策をいろいろ提案してくださる場合があります。それがありがたいと思えるときもあるのですが，逆に自分を苦しめるときもあります。いろいろな提案をされればされるほど，それらができていない自分の不甲斐なさが露呈していくように思えるからです。

　本当に苦しいときには，改善方法の議論よりもカウンセリングです。ただただ話を聞いていただける。そんな同僚がいれば，少しでも精神的に楽になります。

　もしも，心に余裕があれば，他の先生方から見た自分の学級の子どもたちや，自分の指導の仕方についての感想を言ってもらいます。自分では気がついていない点を指摘されることもあるかもしれませんが，逆によい面を教えていただき，少し気持ちが上向きになる場合もあります。

6章 教師自身がつぶれないために

4 チームで対応してもらう

　1人で立て直しを行うには限界があります。そういった場合は，学年団の先生や管理職の先生に相談し，複数体制で学級に当たります。メンバーの構成についてはそれぞれの学校の考えがあるでしょうから，それに合わせます。

　まずは，今現在の子どもの様子や担任の心模様や考えている方針などをしっかり聞いてもらいます。こうやって，メンバーの先生に共通理解を求めます。その上で，どんな手立てが必要なのか，また，誰がどんな役割を担うのかについて話し合いをします。そして，放課後にメンバーで集まって，手立ての有効性について反省し，改善策を練ります。

　授業へ複数の教師が入ったり，荒れの核となる子どもを他の教室へ取り出して個別に指導を行ったり，担任の精神的な負担を軽減するために事務処理は他の教師が行ったりと，いろいろな工夫を話し合って決めます。

　ただし，チームで当たるときには，**必ず今ある現状をスタートにして**（つまり，序章でも述べた「ゼロ視点」です），そこからの子どもの小さな変容や伸びを見取り，互いに共有することが大事です。子どもの悪い面ばかりを報告し合っていると，担任の心がつぶれてしまいます。

　こうやって，担任の責任を少しずつ分け合い，少しでも担任が楽になるように協力します。

　また，子どもにとっても，いろいろな教師に関わってもらえることで，心に余裕が生まれます。

　ちなみに，私が荒れた学級を受け持ったときは次のような役割分担を行い，複数で対応することとなりました。

①**養護の先生**…保健室に来て不満を漏らす子どもの話をとことん聞いていただきました。子どもにアドバイスをする必要はありません。そこで聞いた内容を必ず担任に報告してもらいました。こうすることで，今現在，子どもたちが担任や学級にどんな不満をもっているかを知ることができます。また，逆に，手立てが有効に働いているかどうかを推し量ることができます。

②**音楽専科と算数少人数指導の先生**…養護の先生の役割プラス，アドバイザー的な役割を果たしてもらいました。この先生方が女性の先生だったということもあり，比較的，子どもたちとの距離が近かったので，担任の代わりに子どもへのアドバイス役をお願いしました。その内容は，もちろん担任に報告してもらいます。時には，「○○先生はそんなことは考えてないと思うよ」など，担任のフォローもしてもらいました。フォローと言っても少し，担任への見方を操作してもらう程度です。

③**理科専科と生徒指導の先生**…どちらも男性の先生でしたので，生徒指導上しなければならない子どもへの注意をする役割を担っていただきました。また，担任が精神的に苦しいときには，代わりに授業をしていただき，その間，少しでも担任は休めるようにしました。

　教師というのは真面目に仕事をする方がほとんどです。与えられた仕事に責任をもち，確実にそれをこなすことを優先します。また，人に迷惑をかけることを嫌います。だからこそ，学級がうまくいかないと１人で問題を抱え込みがちです。

　しかし，１人では解決できないことが世の中にはあります。学級の荒れもそうです。そして，助け合って教育を進めていくために，学校には教師がたくさんいます。どんどん頼ればいいのです。

　荒れに悩んだら，相担や学年主任など身近な先生から相談をもちかけてみましょう。きっと誰かが一緒になって動いてくださるはずです。仲間を「信じる者は救われる」です。

Columm

啐啄同時②
そったくどうじ

　「啐啄同時」の続きです。
　野鳥を観察していると，巣立ちのときにも「啐啄同時」しています。自分で餌をとり自分で生きていく能力が雛に備わったとみると，親鳥は雛に巣立ちを促します。
　雛もこれに応じて巣から飛び出します。巣立ちの瞬間です。

　しかし人間は，時期が来ているのに子離れしない親や親離れしない子どもが，なんと多いことでしょうか。「啐啄同時」のタイミングを逸しているようにも見えるし，端からタイミングをはかっていない気がします。
　親のしつけについても，親の指導と子どもの自発とが一致したとき，初めて効果をあげるのではないでしょうか。ほんのちょっと待っていれば子どもが1人で覚えたり行動したりするのに，それを待てずに，一方的な親の押しつけで逆効果になっていたり，早すぎる時期に教えこもうとして無駄骨を折ったり，教えなくてはならない大事な時期をはずして手遅れになったりしていることが多いように感じます。

　先にも述べたように，教育は，その心身の成長の段階に応じて適切に行われなくてはなりません。その最適なタイミングは，自ずとおとずれてくるものであって，つくろうとしてもつくれるものではありません。いくら親子といえども同じことが言えます。
　親子でもそうですから，先生と子どもだって同じです。先生の教えがうまく入らないのは，今はそのタイミングではないということなのです。ですから，深く悩まないでください。先生が今教えたいことは，将来，きっと誰かが教えてくれるようになっているのです。今は，自分の教えをこいたいと願っている子どもだけに働きかけ，そうでない子はそばで見守ってやればいいのです。その子に合った教えを導いてくださる方が将来きっといます。

おわりに

　最近，かつての教え子に会う機会がありました。小学校を卒業して何年も経過し，もう，すっかり大人びていました。その子を目にしたとき，自然と涙が溢れました。
　その子は私の手をとって，こう言いました。
　「先生のお陰。今があるのは，ホントに先生のお陰だと思ってるよ。」
　当時の面影がないくらい成長した青年を前に，私の頭の中では，そのときの彼との思い出が次々と溢れ出てきました。
　ああ，こんなときが来ようとは…。

　また，別の日。たまたま乗った汽車にその子がいました。実に楽しそうに友達とおしゃべりをしていました。スマホを片手に話す姿は，立派な大人のように見えました。あまりの懐かしさに，私は引き寄せられるかのように，彼らのそばに歩み出ました。
　「あっ！　先生？　ホントに先生なん？」
　ああ。まさにこの声です。私のかわいい教え子の声です。
　「私の人生なんだから，私の好きにさせろ！　お前に関係あるか！」
　そう啖呵を切っていたあの子は，今，こんな優しい目をして私を見てくれている。
　「先生と出会った１年間は絶対に忘れない。先生は？」
　「もちろん，忘れてない。」
　「うれしい。光栄です。」
　ああ，こんな言葉をかけてもらえるとは…。

　私が苦しかったとき。当時は，本当に真っ暗な闇の中にいました。これから200日を過ごさなければならないと考えると，とてもその場にいられませ

んでした。学級崩壊の怖さを，嫌というほど味わいました。
　そんな闇にも，いつしか一筋の光が見えて来ました。私は，その光だけを見つめて進みました。早くその光の照らすところに行きたいのですが，現実はなかなか簡単にはいきません。それでも，私はすがる思いでその光を手にしようと前進しました。ゆっくりではありますが，確実にその光は大きくなっていき，そのうちに，辺りが少しずつ明るくなってくるのを感じました。完全ではありませんが，少しだけ闇の切れ目が見えてきたように思いました。それが，担任をして半年経ったころのことでしょうか。
　そうして，残り半年。ついに，１年の終わりを迎えることができました。私を包んでいた闇はどんどん空のかなたに見えなくなり，私にも，そして，教え子たちにも，温かい光が降り注いでいました。そんな中で，みんなとお別れをしました。
　朝顔は，真っ暗な夜があるからこそ，朝の光を浴びると鮮やかな花を咲かせるのだそうです。私の教え子たちは，ずっと闇の中にいました。しかし，その闇があったからこそ，最後には光を浴びてあんなにも大きく成長したのだと思います。まさに，朝顔のように…。

　この本を読み進めていただき，本当にありがとうございました。その皆さん全員に，朝顔が咲く，光に満ちた日が来ることを祈っています。
　大丈夫です。きっと来ます。朝が来ない夜は決してありません。自分を信じて，子どもたちを信じて，前に前に進んでください。

　この度，力なき私のような者に，こうして執筆のチャンスをお与えいただき，さらに，いろいろなアドバイスやご指導をいただいた，明治図書の小松由梨香様に，心からお礼申し上げます。ありがとうございました。

平成29年６月　高本　英樹

引用・参考文献一覧

・序章2，5章1〜3，5，6，9…河村茂雄『育てるカウンセリング実践シリーズ1　学級崩壊　予防・回復マニュアル　全体計画から1時間の進め方まで』（図書文化）

・序章4…野中信行『新卒教師時代を生き抜く学級づくり3原則』（明治図書）

・序章5…多賀一郎『多賀一郎の荒れない教室の作り方　「5年生11月問題」を乗り越える』（黎明書房）

・序章11…多賀一郎『ヒドゥンカリキュラム入門―学級崩壊を防ぐ見えない教育力』（明治図書）

・1章5…多賀一郎『全員を聞く子どもにする教室の作り方』（黎明書房）

・1章6…古川光弘『学級づくり成功の原則　魔法のアイデア50選』（明治図書），飯村友和『どの子の信頼も勝ち取る！　まずは人気の先生になろう！』（明治図書）

・3章2…古川光弘『1年生の授業　10分間パーツ教材で集中力を高める』（明治図書）

・4章9…金大竜『日本一ハッピーなクラスのつくり方』（明治図書）

・河村茂雄『学級集団づくりのゼロ段階　学級経営力を高めるQ-U式学級集団づくり入門』（図書文化）

・城ヶ﨑滋雄『クラスがみるみる落ち着く　教師のすごい指導法！　荒れを克服する50の実践』（学陽書房）

・豊田ひさき・門川之彦『子どもに寄りそう学級づくり・授業づくり』（近代文芸社）

・佐々木正美・相田みつを『育てたように子は育つ　相田みつを　いのちのことば』（小学館）

【著者紹介】

高本　英樹（たかもと　ひでき）

　1969年岡山県生まれ。岡山県内公立小学校勤務。子どもの心に寄り添いながら，どの子も仲間とつながって，共に学び合える学級づくりを目指す。また，国語と理科や，体育と道徳など，教科を横断させたカリキュラムづくりについても研究をしている。最近は，主幹教諭として，自治的能力育成を目指した学校づくりや校内OJTの推進にも力を注いでいる。

　サークルやまびこ所属。教育サークルGrow up代表。

　共著に，山田洋一・「THE教師力」編集委員会著『THE学級崩壊立て直し』，サークルやまびこ著『スペシャリスト直伝！　授業参観＆保護者会成功の極意』（以上，明治図書），辻川和彦編著『現場発！失敗しないいじめ対応の基礎・基本』（日本標準），白石範孝編著『白石メソッド授業塾　汎用的な力をめざす！対話的で深い学びの授業のつくり方』（学事出版）など多数。

本文イラスト・カバーデザイン　松田美沙子

学級経営サポートBOOKS
荒れはじめに必ず効く！　学級立て直しガイド

2018年8月初版第1刷刊	©著　者	高　本　英　樹
	発行者	藤　原　光　政
	発行所	明治図書出版株式会社
		http://www.meijitosho.co.jp
		（企画・校正）小松由梨香
		〒114-0023　東京都北区滝野川7-46-1
		振替00160-5-151318　電話03(5907)6701
		ご注文窓口　電話03(5907)6668
＊検印省略	組版所	株式会社アイデスク

本書の無断コピーは，著作権・出版権にふれます。ご注意ください。

Printed in Japan　　　　　　　　ISBN978-4-18-278619-8

もれなくクーポンがもらえる！読者アンケートはこちらから　→